사회복지사
어떻게
되었을까
?

꿈을 이룬 사람들의 생생한 직업 이야기 40편
사회복지사 어떻게 되었을까?

1판 1쇄 찍음 2022년 3월 25일
1판 2쇄 펴냄 2023년 3월 10일

펴낸곳	㈜캠퍼스멘토
책임 편집	이동준·북커북
진행·윤문	북커북
연구·기획	오승훈·이사라·박민아·국희진·김이삭·윤혜원·㈜모야컴퍼니
디자인	㈜엔투디
마케팅	윤영재·이동준·신숙진·김지수·김수아·김연정·박제형·박예슬
교육운영	문태준·이동훈·박홍수·조용근·황예인
관리	김동욱·지재우·임철규·최영혜·이석기
발행인	안광배

주소	서울시 서초구 강남대로 557 (잠원동, 성한빌딩) 9층 (주)캠퍼스멘토
출판등록	제 2012-000207
구입문의	(02) 333-5966
팩스	(02) 3785-0901
홈페이지	http://www.campusmentor.org

ISBN 979-11-92382-00-5 (43330)

ⓒ 캠퍼스멘토 2022

현직
사회복지사들을
통해 알아보는
리얼 직업
이야기

사회복지사
어떻게

How did they become
Social workers?

되었을까?

CampusMentor
캠퍼스멘토

" 도움을 주신 사회복지사들을 소개합니다 "

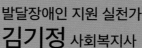

발달장애인 지원 실천가
김기정 사회복지사

- 현) 한국장애인개발원 부산광역시발달장애인지원 센터 팀장
- 현) 사회복지법인 청전 이사
- 사회복지법인 장선종합복지공동체 이사
- 사단법인 부산 복지전화네트워크 근무
- 부산광역시노인종합복지관 근무
- 부산종합사회복지관 근무
- 경성대학교 사회복지대학원 졸업
- 경성대학교 사회복지학과 졸업
- 지역사회복지증진 유공 수영구청장상
- 시원 사회복지사상

아시아 나눔 사회적협동조합 대표이사
전미영 사회복지사

- 현)'아시아 나눔 사회적 협동조합' 대표이사
- 현) 한세대학교 사회복지학 외래 교수
- 현) 인권교육 강사 (한국보건복지인력개발원 등 소속)
- 현) 군포1동 지역사회보장협의체 활동
- 전)사회복지법인 중증장애인 거주 시설 15년 근무
- 한세대학 사회복지학 박사
- 한세대학 사회복지학 석사
- 한국사이버대학 사회복지 학사
- 안양과학대 사무 자동화학과 전문학사

창영종합사회복지관 사례관리팀장
방희범 사회복지사

- 현)창영종합사회복지관 사례관리 팀장
- 현)인천광역시 동구 금창동 지역사회보장협의체 위원
- 현)인천광역시 제3기 청년 네트워크 위원
- 서울신학대학교 사회복지학과 졸업
- '제3회 인천 동구 사회복지의 날' 사회복지 유공자 구청장상 수상
- '2021년 인천 사회복지사대회' 사회복지 유공자 인천광역시의회 의장상 수상

방문요양센터 센터장
형광우 사회복지사

- 현) 드림홈 방문요양센터 센터장
- 호주 Aged care(노인돌봄) 실무/학업
- (사) 열매나눔인터내셔널(NGO 단체) 해외사업부 근무
- (사) 새 빛(시각장애인 기관) 법인사무국 근무
- 이스라엘 키부츠 인턴 및 자원봉사 활동
- 시립 노원노인복지관 고령자 취업센터 근무
- 경희대 공공대학원 글로벌 거버넌스학과 휴학
- 한국성서대학교 사회복지학 복수전공 학사

정신건강복지센터 전문요원
홍성수 정신건강 사회복지사

- 현) 안산시정신건강복지센터 정신건강 사회복지사
- 용인정신병원 정신건강 전문요원 2급 임상 수련
- 안산대학교 사회복지학과 졸업
- 정신건강 전문요원 2급
- 사회복지사 1급
- 보육교사 2급

경증치매 노인 돌봄 시설
유광호 사회복지사

- 현) 경증치매 노인 돌봄 시설 '삼덕기억학교' 근무
- 상록수 노인 종합복지센터
  (노인 사회활동 지원사업 전담) 근무
- 여러 봉사단체에서 다수의 봉사활동
- 영남이공대학교 사회복지·보육과 졸업

이 책의 구성

Chapter 2

사회복지사의 생생 경험담

Chapter 3

예비 사회복지사 아카데미

CHAPTER
| 1 |

사회복지사,

어떻게
되었을까
?

사회복지사란?

—

사회복지사(Social worker)란

사회복지에 관한 전문지식과 기술을 가진 자로서 보건복지부 장관으로부터 자격증을 교부받은 사람

사회복지사는 아동, 청소년, 노인, 여성, 가족, 장애인 등 다양한 사회적·개인적 욕구를 가진 사람들에게 사회복지학 및 사회과학의 전문지식을 이용하여 문제를 진단하고 평가함으로써 문제해결을 돕고 지원하는 업무를 담당하는 자를 말한다. 사회적, 개인적 문제로 어려움에 처한 의뢰인을 만나 그들이 처한 상황과 문제를 파악하고, 문제를 해결하는데 필요한 방안과 관련 자료를 수집, 분석해 대안을 제시하고, 재정적 보조와 법률적 조언 등 의뢰인이 필요로 하는 각종 사회복지프로그램을 기획, 시행, 평가하며 공공복지 서비스의 전달을 위한 대상자 선정 작업과 복지조치, 급여, 생활지도 등을 한다. 사회복지 자원봉사자를 모집하여 교육시키고 배치 및 지도감독을 하고 사회복지정책 형성과정에 참여하여 정책분석과 평가를 하며 정책대안을 제시하기도 한다.

출처: 커리어넷 직업정보

사회복지사가 하는 일

- 상담을 통해 사회복지 대상자의 욕구 및 개선점, 보유 자원과 대상자 가족의 지원, 재정적인 문제 등에 대해 사정한다.
- 행정적·재정적·사회적·심리적으로 지원해야 할 점을 파악하고 우선순위를 정한다.
- 심리 안정, 교육 및 훈련, 대인관계기술 습득, 정서순화, 건강유지 등 다양한 프로그램을 개발·기획하고 실시한다.
- 후원자나 자원봉사자를 모집하고, 사회복지대상자에 대한 사회적 편견을 제거하기 위한 활동을 한다.
- 프로그램이나 기관에 대해 지역사회 사업장을 중심으로 홍보한다.
- 프로그램 및 각종 사회복지 활동 이후 그 결과에 대해 평가하고 개선책을 모색한다.
- 직업재활이나 취업을 위해 사업장을 개발하고 고용지원을 한다.
- 사회복지 대상자 가족을 대상으로 스트레스 감소, 환자 이해, 가정 내 지원 등에 대해 상담하고 프로그램을 운영한다.
- 수행업무에 대한 보고서를 작성하고 관련 행정업무를 수행한다.

◆ 사회복지사의 주요 업무능력

* 업무수행능력/관련지식/업무환경 적응과 관련 중요도 90이상의 능력만 표기

능력/지식/환경	업무수행능력	설명
업무능력	듣고 이해하기	다른 사람들이 말하는 것을 집중해서 듣고 상대방이 말하려는 요점을 이해하거나 적절한 질문을 한다.
	판단과 의사결정	이득과 손실을 평가해서 결정을 내린다.
	문제 해결	문제의 본질을 파악하여 해결 방법을 찾고 이를 실행한다.
관련지식	상담	개인의 신상 및 경력 혹은 정신적 어려움에 관한 상담을 하는 절차나 방법 혹은 원리에 관한 지식
	사회와 인류	집단행동, 사회적 영향, 인류의 기원 및 이동, 인종, 문화에 관한 지식
	인사	채용, 훈련, 급여, 노사관계와 같은 인적자원관리에 관한 지식
	심리	사람들의 행동, 성격, 흥미, 동기 등에 관한 지식
	사무	워드 프로세스, 문서처리 및 다른 사무절차에 관한 지식
	교육 및 훈련	사람을 가르치고 훈련시키는데 필요한 방법 및 이론에 관한 지식
	경제와 회계	돈의 흐름, 은행업무, 재무자료의 보고와 분석과 같은 경제 및 회계 원리에 관한 지식

업무환경	반복적인 신체행동, 정신적 활동	지속적이고 반복적인 신체적 행동이나 정신적 활동의 중요성
	불쾌하거나 무례한 사람 상대	불쾌하거나, 화나거나, 혹은 무례한 사람을 대하는 빈도
	공문, 문서 주고받기	업무 수행하면서 공문이나 문서를 주고받는 정도
	다른 사람들을 조율하거나 이끌기	업무 특성상 다른 사람들을 조율하거나 이끄는 것의 중요성
	움직이는 기계	움직이는 기계(자동차, 트랙터 등)에서 근무 정도
	다른 사람과의 상호작용	업무 수행위해 팀/집단으로 함께 일하는 것의 중요성
	외부 고객 대하기	외부 고객 혹은 민원인을 대하는 것의 중요성
	이메일 이용하기	업무 수행하면서 이메일 사용하는 정도
	갈등 상황	업무 수행 시 갈등 상황 노출

출처: 워크넷 / 커리어넷

사회복지사의 직업 전망

　향후 10년간 사회복지사의 고용은 증가할 것으로 전망된다. 「2016~2026 중장기 인력수급 전망」(한국고용정보원, 2017)에 따르면, 사회복지사는 2016년 약 82.5천 명에서 2026년 약 104.7천 명으로 10년간 22.2천 명(연평균 2.4%)정도 증가할 것으로 전망된다. 사회가 발전함에 따라 복지 및 삶의 질 향상에 대한 수요가 증가하게 된다. 그러나 우리나라의 사회복지 수준은 OECD 국가와 비교하여 현저히 낮은 수준으로 앞으로 공공 사회복지 분야의 정부 지출이 증가할 가능성이 높아짐에 따라 관련 업무를 수행하는 사회복지사의 수요도 증가할 것으로 전망되며 정부가 정책적으로 사회복지 정책을 더 확대해야 할 것으로 보인다. 또한, 사회복지가 국가의 주요 정책으로 부각되면서 사회복지 담당 인력에 대한 확충이 논의되고 있다. 사회복지 전담 인력의 업무 과중과 그에 따른 사회적 문제(자살, 퇴사 등) 등도 인력 충원을 통해 해결해야 할 과제로 부상하고 있다.

　사회복지 전담 공무원 수도 지속적으로 증가하고 있어 보건복지부의 「2017 보건복지 통계연보」에 따르면, 사회복지 전담 공무원 수는 2011년 10,639명에서 2016년 19,263명으로 5년간 81.0%가 증가하였다. 향후에도 공무원의 증원이 이루어진다면 제일 먼저 수혜를 볼 영역으로 판단된다.

　최근 인구 고령화로 인한 고령인구 및 독거노인 증가 등에 따른 노인복지, 다문화가정의 증가로 인한 다문화가정 복지, 여성 경제활동 참가율 상승에 따른 아동 및 보육복지 등 수요계층에 따라 정부의 복지정책이 다변화되고 있다. 기존에 종합복지관에서 총괄해 온 사회복지서비스가 계층 별로 세분되어 운영되는 방향으로 바뀌고 있다. 발달장애인 관련 법안의 개정에서 취약계층의 복지 서비스 확대에 정부가 노력을 기울이고 있는 것이 한 예이다. 복지에 대한 관심은 비단 공공 부문만이 아니다. 기업의 사회적 책임(CSR, Corporate Social Responsibility)이 강조되면서 기업 내 사회공헌 팀이 신설 또는 강화되고 있으며, 기업 내에서 사회복지를 전담하는 인력에 대한 수요 또한 증가하고 있다.

　사회복지사의 업무 영역 또한 확대되었는데 과거 아동보육시설과 공공부문에서 주로 활동하였으나 최근에는 학교, 기업, 군대, 병원 등으로 활동영역을 넓히고 있다. 이처럼 다양한 분야에서 사회복지에 대한 수요가 증가하고 있는 만큼 앞으로 사회 전반에서 사회복지사에 대한 수요가 증가할 것으로 전망된다.

출처: 워크넷 직업정보

◆ **사회복지사의 증가요인**

전망요인	증가요인	감소요인
인구구조 및 노동인구 변화	고령인구 증가 단독가구 증가	
가치관과 라이프스타일 변화	사회다양성 증가	
기업의 경영전략 변화	사회적 책임 강조	
법·제도 및 정부정책	복지정책 강화 근무시간 단축	

사회복지사의 자질

— 어떤 특성을 가진 사람들에게 적합할까? —

- 사회복지사는 다른 사람의 욕구와 행동에 적절히 대응할 수 있는 문제해결능력과 협상하고 설득할 수 있는 능력이 필요하다.
- 인간존중 및 사회정의에 대한 사명의식과 봉사정신이 필요하며, 상대방에 대한 배려와 협동심, 원만한 대인관계를 유지시킬 수 있는 의사소통 능력이 요구된다.
- 사회형과 탐구형의 흥미를 가진 사람에게 적합하며, 남에 대한 배려, 사회성, 정직성 등의 성격을 가진 사람들에게 유리하다.

출처: 커리어넷

사회복지사와 관련된 특성

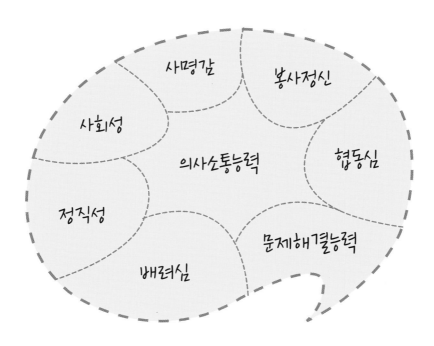

사명감

봉사정신

사회성

의사소통능력

협동심

정직성

문제해결능력

배려심

사회복지사가 되려면?

■ 입직과 취업 방법

사회복지사가 되려면 한국사회복지사협회에서 발급하는 사회복지사 자격증이 필요하다. 사회복지사 자격증은 학점은행제, 평생교육원 등에서 필요한 수업을 이수하여 자격을 취득하는 방법과 전문대학, 대학교, 대학원 등에서 사회복지학, 사회사업 등 관련학과를 졸업해서 취득하는 방법이 있다. 2급 자격증은 자격 요건이 되면 취득할 수 있으나 1급은 국가시험에 합격해야 한다. 주로 사회복지관, 노인복지관, 장애인복지관, 지역아동센터에서 일할 수 있다.

■ 정규 교육과정

- 사회복지사가 되기 위해서는 전문대학, 대학교, 대학원 등에서 사회복지학, 사회사업 등 관련학과를 전공하면 유리하다.
- 관련학과에서는 사회복지개론, 사회복지실천 방법론, 노인복지론, 아동복지론, 장애인복지론, 가족복지론 등의 과목이 포함되며 학기 중이나 방학 중에 사회복지 현장실습도 하게 된다.

■ 관련 자격증

- 관련 자격증으로는 사회복지사(1급, 2급)가 있다.
- 사회복지사 1급은 매년 1회 시험이 실시되며, 대졸자는 사회복지사 2급 자격증 소지자, 전문대졸업자는 사회복지사 2급 자격증 소지자로 현재 1년 이상 사회복지사업의 실무경험이 있는 자에 한해 응시가 가능하다.
- 사회복지사 2급은 전문대 이상의 학력 소지자에 한하여 사회복지사 이수과목인(전공필수 10과목, 전공선택 7과목) 총 17과목을 이수한 자에게 한국사회복지사협회에서 사회복지사 2급 자격증을 수여한다.

◆ 사회복지사 1급 자격증

1. 기본정보
 (1) 자격분류 : 국가전문자격증
 (2) 시행기관 : 한국산업인력공단
 (3) 응시자격 : 제한 있음
 (4) 홈페이지 : www.Q-net.or.kr

2. 자격정보
 (1) 사회복지사 1급이란 응시자격을 갖춘 자가 산업인력공단에서 시행하는 사회복지사 1급 국가시험에 합격하고, 보건복지부장관(한국사회복지사협회 위탁)이 발급하는 자격증을 받은 자를 말한다.
 (2) 사회복지사 제도는 사회복지에 관한 소정의 전문지식과 기술을 가진 자에게 사회복지사 자격을 부여하고 이들에게 복지업무를 담당하도록 함으로써 아동 · 청소년 · 노인 · 장애인 등 보호가 필요한 사람들에게 전문적이고 체계적인 복지 서비스를 제공하기 위하여 도입되었다.
 (3) 사회복지사 1급을 취득하려면 응시자격을 갖추고 사회복지사 1급 필기시험에 합격한 후, 응시자격 서류심사에 통과한 자를 최종합격자로 발표한다.
 (4) 최종합격자에 대해서는 한국사회복지사협회에서 응시자격 서류심사, 신원조회 실시 후 자격증을 교부한다.

3. 시험정보
 (1) 응시자격(사회복지사업법시행령 별표3)

구분	내용
대학원 졸업(예정)자	고등교육법에 따른 대학원에서 사회복지학 또는 사회사업학을 전공하고 석사학위 또는 박사학위를 취득한 자. 다만, 대학에서 사회복지학 또는 사회사업학을 전공하지 아니하고 동 석사학위를 취득한 자는 보건복지부령이 정하는 사회복지학 전공교과목과 사회복지관련 교과목 중 사회복지현장실습을 포함한 필수과목 6과목 이상(대학에서 이수한 교과목을 포함하되, 대학원에서 4과목이상을 이수하여야 한다) 선택과목 2과목 이상을 각각 이수하여야 한다.
대학교 졸업(예정)자	① 고등교육법에 따른 대학에서 보건복지부령이 정하는 사회복지학 전공교과목과 사회복지관련 교과목을 이수하고 학사학위를 취득한 자 ② 법령에서 「고등교육법」에 따른 대학을 졸업한 자와 동등 이상의 학력이 있다고 인정하는 자로서 보건복지부령으로 정하는 사회복지학 전공교과목과 사회복지관련 교과목을 이수한 자

사회복지사 2급 + 1년 이상	다음 어느 하나에 해당하여 사회복지사 2급 자격증을 취득한 자 중에서 그 자격증을 취득한 날부터 시험일까지의 기간 동안 1년 이상 사회복지 사업의 실무경험이 있는 자 ① 고등교육법에 의한 전문대학에서 보건복지부령이 정하는 사회복지학 전공교과목과 사회복지관련 교과목을 이수하고 졸업한 자 ② 법령에서 고등교육법에 의한 전문대학을 졸업한 자와 동등 이상의 학력이 있다고 인정되는 자로서 보건복지부령이 정하는 사회복지학 전공교과목과 사회복지관련 교과목을 이수한 자 ③ 고등교육법에 의한 대학을 졸업하거나 이와 동등 이상의 학력이 있는 자로서 보건복지부 장관이 인정하는 교육훈련기관에서 12주 이상 교육훈련을 이수한 자 ④ 사회복지사 3급 자격증 소지자로서 시험일 현재까지 3년 이상 사회복지사업의 실무경험이 있는 자
외국대학(원)졸업자	외국의 대학 또는 대학원(단, 보건복지부 장관이 인정한 대학 또는 대학원)에서 사회복지학 또는 사회사업학을 전공하고 학사학위 이상을 취득한 자로서 국내 대학원 및 대학졸업(예정)자의 자격과 동등하다고 보건복지부장관이 인정하는 자

*사회복지사 3급은 2018년 4월 25일 폐지됨.

(2) 사회복지사의 결격사유(사회복지사업법 제11조의2)
 ① 피성년 후견인 또는 피한정 후견인
 ② 금고 이상의 형을 선고받고 그 집행이 끝나지 아니하였거나 그 집행을 받지 아니하기로 확정되지 아니한 사람
 ③ 법원의 판결에 따라 자격이 상실되거나 정지된 사람
 ④ 마약·대마 또는 향정신성의약품의 중독자
 ⑤ 「정신건강증진 및 정신질환자 복지서비스 지원에 관한 법률」 제3조제1호에 따른 정신질환자. 다만, 전문의가 사회복지사로서 적합하다고 인정하는 사람은 그러하지 아니하다.

(3) 시험과목 및 방법

구분	시험과목	시험영역	문항수	시험시간	시험출제형태
1 교 시	사회복지기초	인간행동과 사회환경 사회복지조사론	50문항	50분	객관식 (5지선다형) 시험영역 당 (25문항)
2 교 시	사회복지실천	사회복지실천론 사회복지실천 기술론 지역사회복지론	75문항	75분	
3 교 시	사회복지정책과 제도	사회복지정책론 사회복지행정론 사회복지법제론	75문항	75분	

※ 시험관련 법령 등을 적용하여 정답을 구하여야 하는 문제는 시험시행일 현재 시행중인 법령을 기준으로 한다.
※ 2014년도 제12회 사회복지사 1급 시험부터 시험영역 당 문항수가 30문항에서 25문항으로 변경되었다.

(4) 합격 기준
 ① 시험의 합격결정에 있어서는 매 과목 40점 이상, 전 과목 총점의 60점 이상을 득점한 자를 합격예정
   자로 결정한다.
 ② 사회복지사 1급 국가시험 합격예정자에 대해서는 한국사회복지사협회에서 응시자격 서류심사를 실시
   하며, 심사결과 부적격 사유에 해당되거나, 응시자격서류를 정해진 기한 내에 제출하지 않은 경우에는
   합격예정을 취소한다.
 ③ 필기시험에 합격하고 응시자격 서류심사에 통과한 자를 최종합격자로 발표한다.
 ④ 최종합격자 발표 후라도 제출된 서류 등의 기재사항이 사실과 다르거나 응시자격 부적격사유가 발견
   될 때에는 합격을 취소(신원조회 실시)한다.

(5) 합격 통계

연도	응시	합격	합격(%)
2014	22,604	6,366	28.16%
2015	21,393	6,764	31.61%
2016	20,946	9,846	47.01%
2017	19,514	5,284	27.07%
2018	21,975	7,352	33.46%

4. 활용정보
(1) 취업: 사회복지사 자격증 소지자는 지역복지사업, 아동복지, 노인복지, 장애인복지, 모자복지 등의 민간
       사회복지기관에 취업할 수 있다. 이외에도 학교, 법무부 산하 교정시설, 군대, 기업체 등에서 사회
       복지사로 활동할 수 있으며 자원봉사활동관리 전문가로 활동할 수 있다.
(2) 진로: 사회복지사 1급 자격증 소지자는 의료사회복지 또는 정신보건 분야에서 일정한 경력을 쌓으면
       시험을 통해 의료사회복지사나 정신보건사회복지사 자격을 취득하여 해당분야의 전문사회복지
       사로 활동할 수 있다.

5. 자격증 관계도

(1) 의료사회복지사 : 사회복지사 1급 자격소지자는 의료사회복지 실무경력 1년 이상, 또는 의료사회복지 연구 및 교육에 1년 이상의 경력을 가지고 있는 경우 의료사회복지사 자격시험에 응시할 수 있다.

(2) 정신건강 사회복지사 : 정신건강사회복지사란 사회복지사 1급 자격증 소지자가 보건복지부령으로 정하는 수련기관에서 수련을 받고 보건복지부장관에게 정신건강사회복지사 자격을 인정받은 자를 말한다. 수련기간 및 경력에 따라 1급, 2급으로 구분된다.

(3) 학교사회복지사 : 사회복지사 1급 자격증 소지자로서, 학교사회복지론을 이수하고, 아동복지론 또는 교육학 관련 교과목 중 1과목 이상을 이수한 자는 학교사회복지사 시험에 응시할 수 있다. 학교사회복지사 시험은 필기시험과 면접시험으로 구성되며, 필기시험은 두 과목 합산 140점 이상, 과목당 50점 이상 득점한 자를 합격자로 한다. 면접시험은 총 100점 중 70점 이상 득점한 자를 합격자로 한다.

(4) 사회복지직 공무원 : 사회복지직 공무원이 되기 위해서는 사회복지사 2급 이상의 자격증을 소지하여야 한다.

출처: 커리어넷 / 자격증 사전

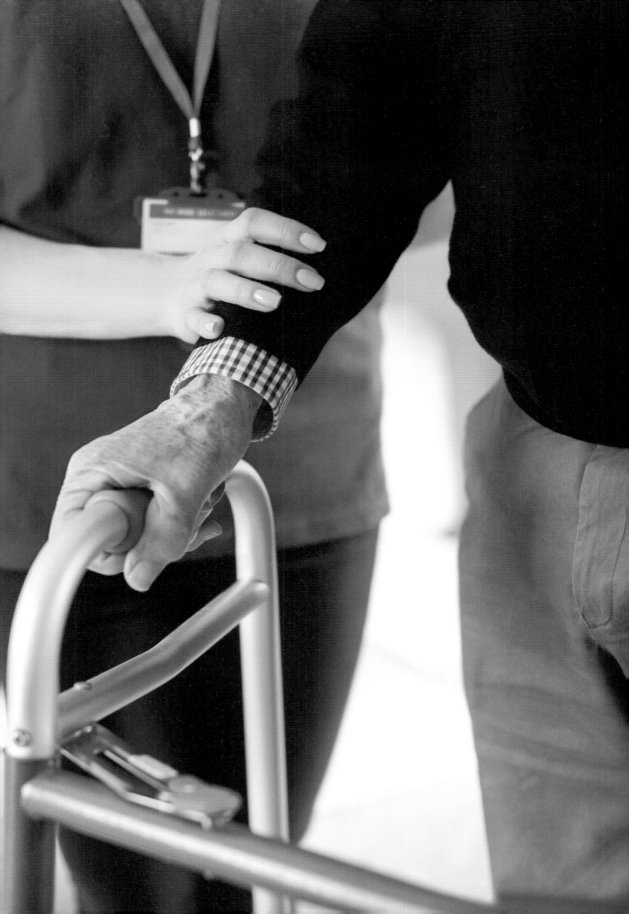

Q "사회복지사에게 필요한 자질은 어떤 것이 있을까요?"

톡(Talk)!
홍성수

인내심을 가지고 대상자와 신뢰관계를 만들어야 합니다.

정신건강 사회복지사는 많은 공부와 임상 수련을 마친 후, 다양한 증상을 가지고 있는 환자들을 만나게 되죠. 처음부터 환자(혹은 회원)에게 큰 변화를 요구한다면 환자도 선생님도 금세 지치게 될 뿐, 인내심을 가지고 천천히 환자와 속도를 맞추어 함께 협력해나가는 과정이 중요합니다. 제 경험을 들려드리자면, 처음 정신병원에서 일하게 되었을 때 맡았던 환자 중 알코올 사용 장애 진단을 받고 입원하신 환자분이 있으셨습니다. 인지행동치료 이론을 바탕으로 알코올 사용 장애에 대한 교육 자료를 만들어 총 10회기의 개입이 이루어졌습니다. 모든 교육 후 퇴원을 준비하던 환자는 주말 외박 기간에 과도한 음주, 재발로 인해 다시 병원으로 돌아오게 되었습니다. 내가 노력한 만큼 환자에게 변화를 요구하는 것은 다른 이름의 폭력이고 강요일 수 있습니다. 환자의 병을 중점으로 두지 않고 한 인간으로서 장기간 만나다 보면 신뢰 관계(rapport)가 구축될 것이고 자연스럽게 환자의 욕구와 필요를 알게 될 것입니다.

톡(Talk)!
형광우

사람을 향하는 진심어린 마음이 있어야 합니다.

거창한 사명감까진 아니지만, 기본적으로 대상자(client: 노인, 아동, 장애인, 청소년, 미혼모, 노숙인 등)들을 돕고 남을 위하는 이타심은 있어야 한다고 생각합니다. 우리가 상대하는 대상자들은 주로 사회적 약자나 도움이 필요한 분들이 대부분입니다. 사회복지사의 일이 그들을 대하고 소통하고 그들에게 자원을 연결해주는 것이기 때문에 단순히 일로만 생각한다면 쉽게 지치고 힘들 수 있습니다. 그러지 않기 위해서는 기본적으로 사람을 향한 마음을 가지고 클라이언트의 입장에서 생각하고 도움이 필요한 부분을 채워줄 수 있어야 합니다. 또한 마음만으로 되는 일은 아니기 때문에 대상자의 욕구(need)를 경청하고 공감하고 상담하는 능력, 그들의 욕구 해결을 위해서 자원과 사람, 사람과 사람 등을 연결하고 지원하는 연결가로서의 사회성, 행정업무 등의 업무능력이 필요합니다.

톡(Talk)!
김기정

사회를 현명하게 바라보는 시각이 필요합니다.

사회를 바라보는 시각이 필요합니다. 이를 위해서 뉴스를 매일 보는 것이 중요하고, 그 뉴스에 대한 자기 생각을 글로 적어보는 것이 중요합니다. 대통령, 국회의원, 지자체장, 기초의원 등 선거가 있을 때 후보자들의 사회복지 공약을 보고 그 공약에 대한 자기 생각을 적어보는 것도 좋고요. 또 영상매체를 통한 다양한 간접경험을 해보고 만약 그 장면에서 나라면 어떻게 했을까? 에 대한 자기 생각을 글로 적어보는 것이 중요하다고 생각합니다.

상대방의 입장을 공감하고 경청할 줄 알아야 합니다.

무엇보다 자신의 마음가짐이 중요합니다. 다양한 대상자에게 다가갈 수 있는 마음, 대상자의 변화를 기다릴 수 있는 마음가짐, 온화한 마음, 정직하고 성실한 마음, 그리고 상대방의 입장에서 공감해보고 경청해 줄 수 있는 자세가 무엇보다 중요합니다. 자신의 마음가짐 내면에는 대상자를 기다려 주는 마음이 포함되어있는 것! 내 기준이 아닌 타인의 기준, 관점에서 생각해 보는 것이 포함되어 있으면 좋겠습니다.

사람 그 자체를 사랑하는 마음이 있어야 해요.

사람을 좋아하고, 사람을 사랑하고, 사람을 존중하는 마음이 가장 중요하다고 생각해요. 사회복지사인 나도 소중한 존재이지만 다른 사람들까지도 사랑해줄 수 있는 마음을 가진 분들이 사회복지사를 많이 하시는 것 같아요. 사람 그 자체를 사랑하는 마음! 그것이 준비되어 있다면 나머지 부분은 시간이 다 해결해주는 것 같아요. 스펙이 아무리 좋아도 사람을 사랑하는 마음이 없다면 이 일은 그 어떤 일보다 힘든 일이 될 수도 있답니다. 또 여러 가지 봉사활동을 많이 해보는 것도 사회복지 현장을 알 수 있는 좋은 방법이 되기도 하고, 다양한 사회복지사들을 경험해 보며 나만의 느낀 점들을 모으다 보면 어느 순간 멋진 사회복지사가 되어 있을 겁니다.

의사소통 능력이 중요합니다.

　사회복지사는 많은 사람과 만나는 직업이에요. 그렇기 때문에 대화를 많이 하게 되는데 어떻게 의사소통하느냐에 따라 문제해결에도 많은 도움이 됩니다. 저는 흔히 동료들이나 사회복지사를 꿈꾸는 학생들에게 "사회복지사는 사기꾼이 되어야 한다."라고 합니다. 사익을 추구하기 위한 불법과 범죄를 저지르는 사기꾼이 되라는 의미보단 다른 의미로 '사람을 상대할 때 어떻게 이야기해야 내 말에 집중하고, 소통하며, 설득할지 고민해야 한다.'는 의미입니다. 관계의 시작은 대화로부터 시작됩니다. 그렇기 때문에 사회복지사의 무기는 바로 "말"입니다. 타인과 소통할 수 있는 능력이 있다면 그에 따른 문제해결 능력 또한 향상될 수 있다고 생각합니다. 다만 내가 말을 잘하지 못하고 소극적인 사람이라 의사소통 능력이 약할 것으로 생각한다면 이 또한 노력으로 충분히 극복 가능하다고 생각합니다. 타인과 소통할 기회를 많이 만들고, 어떤 말을 할지? 어떻게 말할지? 준비해서 조금씩 시도하다 보면 충분히 의사소통 능력은 향상할 것입니다.

내가 생각하고 있는 사회복지사의
자질에 대해 적어 보세요!

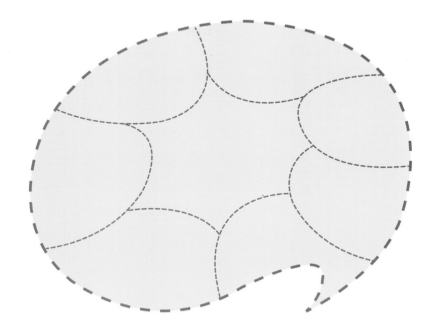

사회복지사의 좋은 점·힘든 점

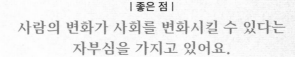

톡(Talk)!
김기정

| 좋은 점 |

사람의 변화가 사회를 변화시킬 수 있다는 자부심을 가지고 있어요.

변화시킬 수 있다는 것이지요. 사람을 변화시킬 수 있고, 가정을 변화시킬 수 있고, 마을을 변화시킬 수 있고, 지역사회를 변화시킬 수 있고, 대한민국을 변화시킬 수 있다는 장점이 있습니다.

톡(Talk)!
방희범

| 좋은 점 |

타인의 삶 속에서 저를 되돌아보는 계기가 됩니다.

사회복지사 직업의 장점이면서 단점이기도 하지만 타인의 삶을 간접 체험해 볼 수 있다는 점입니다. 여러 사람을 만날 수 있는 직업 특성상 타인의 삶을 좀 더 깊게 알 기회가 생기는데 평소에 겪기 힘든 문제를 간접 경험해보면서 개인의 역량이 늘고 성장할 기회가 많다고 생각합니다.

톡(Talk)!
홍성수

| 좋은 점 |

한 가정이 회복되어가는 모습을 보면 뿌듯하답니다.

　정신장애인과 시민들에게 상담 서비스를 제공함과 동시에 일정 예산을 가지고 다양한 사업을 구상하여 정신장애인에 대한 편견을 개선하거나 재활프로그램을 진행하는 포괄적인 일들을 통해 빠른 시간 안에 업무역량이 성장할 수 있다는 장점이 있어요. 또 정신장애인 당사자와 그 가족들에게 후원 사업을 연계하고, 지속적인 상담으로 취업이나 사회 복귀에 이르게 함으로써 한 가정이 회복되어가는 모습을 보면 직업이라는 차원에서의 장점이 아니라 자아실현까지 하게 됩니다.

톡(Talk)!
유광호

| 좋은 점 |

클라이언트의 변화를 통해 보람을 느낍니다.

　나로 인해서 바뀌는 클라이언트를 보면서 기쁨을 느끼고 보람을 느낄 수 있어요. 클라이언트들의 변화가 시시각각 눈으로 보이는 직업이기에, 보람도 많은 직업이라 생각해요.

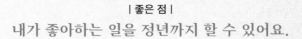

| 좋은 점 |
내가 좋아하는 일을 정년까지 할 수 있어요.

　행복한 평생 직종이 될 수 있다는 점입니다. 사회복지 현장이 계속 존재한다는 가정 아래 특별한 사유가 아니면 정년까지 계속해서 사회복지 일을 할 수 있지요. 평생직장이라는 틀 안에는 내가 좋아하는 일! 행복해 하는 일. 이로부터 타인도 행복해지는 일이기 때문에 행복한 평생직장을 사회복지라는 관점 아래 만들어 볼 수 있다는 장점이 있습니다.

| 좋은 점 |
누군가에게 도움이 된다는 사실이 정말 기쁜 일이죠.

　사회복지사는 박봉인가요? 라고 많이 물어보시는데요. 신입 사회복지사나 계약직 등으로 시작하면 박봉이지만 종합사회복지관이나 장애인 기관 등의 정규직 직원으로 일을 하면 기관 규모나 재정 형편에 따라 급여가 다릅니다. 규모 있는 법인이나 재단 등은 직원 복지가 좋은 것으로 알고 있으며 무엇보다도 안정적으로 오래 일을 할 수 있다는 장점이 있습니다. 혼자 계셔서 돌봄이 필요한 어르신 댁에 요양보호사의 방문으로 퇴원 후 거동이 불편하거나 편찮으셨던 어르신들의 건강이 회복되고 좋아지는 모습을 보면 큰 보람을 느낍니다. 보호자들도 정말 기뻐하며 감사 인사를 하면 누군가에게 내가 도움이 된다는 사실이 일을 하는데 큰 원동력이 됩니다.

톡(Talk)!
김기정

| 힘든 점 |

관료적이고 경직된 사회복지 행정문화가 남아 있어요.

사회복지 업무를 하다보면 아직도 관료적인 행정문화가 많이 남아 있어요. 사회복지사를 그만둘 때 일이 힘들어서 그만두기보다는 사람이 힘들어서 그만둔다는 이들이 다소 있습니다.

톡(Talk)!
홍성수

| 힘든 점 |

대상자 상담 뿐만 아니라 다양한 부수적인
행정업무가 있어요.

상담뿐만 아니라 아이디어를 구상하고 예산을 짜서 사업을 구상함과 동시에 부수적인 업무들이 매우 많고 다양하기 때문에 정서적 소진이 자주 찾아오는 편입니다. 이 일에 보람을 느끼고 사명감을 가지지 않는다면 소진이 더 빨리 찾아올 수 있겠죠.

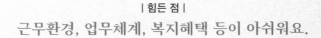

톡(Talk)!
전미영

| 힘든 점 |
근무환경, 업무체계, 복지혜택 등이 아쉬워요.

　근무 체계, 환경 등이 좀 더 개선돼야 한다는 것이지요. 아직은 직접 서비스를 제공하는 사회복지사, 행정지원을 제공하는 사회복지사 등의 업무가 가중되는 부분이 있어요. 인력지원 등의 예산 편성이 좀 더 많아져서 사회복지를 실천하는 사회복지사가 행복해졌으면 하고 사회복지사가 행복할 때 그러한 행복함이 클라이언트에게 전달되리라 생각됩니다.

톡(Talk)!
방희범

| 힘든 점 |
타인의 삶에 영향을 받다보니 감정 소모가 심하죠.

　타인의 삶을 직·간접적으로 체험하기 때문에 불필요한 감정과 상황까지 알게 되는 경우가 종종 발생합니다. 특히 당사자의 상황을 있는 그대로 받아들이는 것이 중요한데 당사자를 이해하는 과정에서 불법, 폭력, 나태 등등 사회 및 윤리적인 문제에도 직면하기 때문에 그런 상황에서 어떤 선택을 해야 할지 선택을 강요받는 점이 단점이라고 생각합니다.

| 힘든 점 |
부족한 인력과 많은 업무량으로 힘든 경우가 있어요.

클라이언트들의 복지를 신경 쓰다 보면 정작 나 자신의 복지는 많이 뒤처지는 것 같아요. 직장에 따라서 퇴근도 제시간에 못 할 수도 있고, 밤마다 야근해야 하는 경우도 있고, 부족한 인원으로 센터를 운영해서 사회복지사의 개개인별 업무 부담이 가중되는 곳도 아직은 많은 것 같아요.

| 힘든 점 |
보상에 비해 육체적, 정신적 스트레스를
많이 받는 편입니다.

사람을 상대하고 도움이 필요한 사람들을 상대하기 때문에 육체적, 정신적으로 힘들고 스트레스를 받을 때도 있습니다. "사회복지사가 행복해야 사람들을 행복하게 할 수 있다"라는 말이 있습니다. 지도점검, 평가 준비 등의 잦은 야근업무와 과도한 행정업무로 인해 과로를 많이 하기도 합니다. 급여라도 많으면 불만이 적겠지만 업무량에 비하면 급여도 많은 편은 아니지요.

사회복지사의 종사현황

◆ 입직 및 취업방법

사회복지사 자격증이 필요하며 전문대학, 대학교, 대학원 등에서 사회복지학, 사회사업 등 관련 학과를 전공하면 유리하다. 주로 노인복지관, 사회복지관, 장애인복지관, 지역아동센터 등의 사회복지 이용시설이나 아동 양육시설, 장애인 재활시설, 모·부자복지시설, 노인요양시설 등의 사회복지 생활시설로 진출하며 대체로 결원 발생 시에 수시채용의 형태로 이루어지고, 시험 및 면접을 거친다. 사회복지사 2급 자격 취득자가 많아지면서 기관에 따라 채용 시 1급 소지자를 요구하는 등 급수별 차별화가 있을 수 있으며, 장기적으로 사회복지 현장에서 일하며 관리자급으로 승진 및 경력을 쌓고자 한다면 사회복지사 1급 자격증을 취득하여 경쟁력을 갖출 필요가 있다.

◆ 고용현황

사회복지사의 종사자 수는 83,000명이며, 사회복지의 중요성이 커지면서 일자리 창출이 활발하게 일어나고 있으나 취업경쟁은 치열한 편이다. 자기개발 가능성이 평균에 비해 높으며 직장 이동의 가능성도 높다. 근무시간이 길고 정신적·육체적 스트레스가 심한 편이며 업무 자율성 및 권한이 제한적이나 사회적 평판과 봉사 의식, 소명 의식이 높다. 고용에서 양성평등의 정도가 평균에 비해 높고, 고령자 친화성도 높다.

◆ 근무환경

복지대상자의 현황 파악을 위해 대상자를 직접 방문하여 상담하는 등 찾아가는 서비스를 제공하기 때문에 외근이 많다. 쌀이나 연탄 배달, 세탁 봉사, 김장 봉사 등 각종 행사를 진행하며 자원봉사의 모집과 교육, 행정업무 처리도 해야 한다. 이처럼 대민 서비스가 잦고 업무량이 많아 육체적인 피로도가 크다. 사회복지생활시설에서 근무하는 사회복지사는 시설 이용자의 안전과 편의를 위해 24시간 교대로 근무한다. 또한, 사회복지시설은 저녁이나 주말에 주민을 대상으로 진행하는 프로그램이 있어 초과근무나 주말근무가 잦다. 업무에 따라서 위기상황이 발생할 수 있어 24시간 출동 대기상태로 있어야 하는 등의 어려움이 있다.

학력분포

<조사년도:2019년>

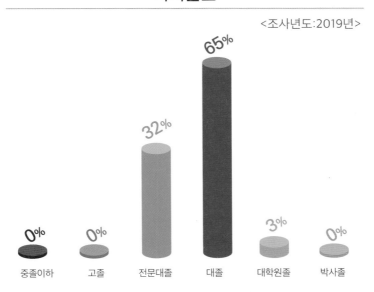

중졸이하	고졸	전문대졸	대졸	대학원졸	박사졸
0%	0%	32%	65%	3%	0%

임금(연봉)

2,276만원 (하위(25%))
2,667만원 (중위(50%))
3,601만원 (상위(25%))

◆ 임금수준

- 사회복지사의 평균연봉(중위값)은 2,667만원이다.
- *하위(25%) 2,276만원, 평균(50%) 2,667만원, 상위(25%) 3,601만원
- 사회복지사는 다른 직업과 비교하여 임금과 복리후생이 낮은 편이다.

출처: 워크넷 직업정보 (2019년 기준)/ 커리어넷

CHAPTER
| 2 |

사회복지사의

생생
경험담

미리 보는 사회복지사들의 커리어패스

김기정 사회복지사

경성대학교 사회복지학과 학사 부산종합사회복지관,
부산광역시노인종합복지관,
경성대학교 사회복지대학원 석사

전미영 사회복지사

안양과학대 사무자동학과 졸업,
한국사이버대학 사회복지학 학사 중증장애인 사회복지법인 근무,
한세대학교 사회복지학 석사,
한세대학교 사회복지학 박사

방희범 사회복지사

서울신학대학교 사회복지학과
학사 창영 종합사회복지관 입사

형광우 사회복지사

한국성서대학교 사회복지학
복수전공 학사 시립노원노인복지관 고령자 취업센터
(사)새빛 (시각장애인기관) 법인사무국

홍성수 사회복지사

안산대학교 사회복지학과 졸업,
보육교사 2급 사회복지사 1급 자격증 취득

유광호 사회복지사

RCY 등 여러 봉사단체에서
다수의 봉사활동 영남이공대 사회복지·보육과 졸업

> (사) 부산 복지전화네트워크 근무,
> 사회복지법인 장선종합복지공동체 이사

> 현) 한국장애인개발원 부산광역시
> 발달장애인지원센터 팀장
> 현) 사회복지법인 청전 이사

> 현) 인권교육 강사
> 현) 군포1동 지역사회보장협의체 활동

> 현) '아시아 나눔 사회적 협동조합' 대표이사
> 현) 한세대학교 사회복지학 외래 교수

> 인천 금창동 지역사회보장협의체 위원
> 인천 미추홀구 청년 정책 네트워크 위원

> 현) 창영 종합사회복지관 사례관리 팀장
> 현) 인천광역시 청년네트워크 3기 위원

> (사)열매 나눔인터내셔널(NGO 단체)
> 해외사업부 근무,
> 호주 Aged care(노인돌봄) 실무

> 현) 드림홈 방문요양센터 센터장

> 용인정신병원 정신건강전문요원 2급,
> 임상수련, 정신건강전문요원 2급

> 현) 안산시정신건강복지센터
> 정신건강 사회복지사

> 상록수노인종합복지센터-
> (노인 사회활동 지원사업 전담)

> 현) 삼덕기억학교 (경증치매 노인 돌봄 시설)

20년간 종합사회복지관, 노인종합복지관, 사단법인 부산 복지전화네트워크를 거쳐 사회복지사로서 소명 의식을 가지고 현재 한국장애인개발원 부산발달장애인지원센터에서 개인별 지원팀 팀장으로 근무하고 있는 현직 사회복지사다. 영유아기, 학령기, 성인기, 청·장년기, 노년기 등 다양한 연령대의 장애인을 지원했으며, 청각장애인, 시각장애인, 정신장애인, 지적장애인, 자폐성 장애인, 지체장애인 등 각종 장애 유형의 당사자를 대상으로 개별 사례관리 및 자원연계 등 직·간접서비스를 제공하고, 장애인을 위한 정책 제안 등 지지자로서 활동했다. 일선 현장에서 개인, 가족, 지역을 위한 복지서비스를 제공하면서 우리나라 사회복지서비스의 질적, 양적 성장을 위해 끊임없이 고민하고 실천하기 위해 노력하고 있다. 사회복지사가 천직이라는 소명 의식으로 힘이 다하는 날까지 꾸준히 사회복지 현장에서 실천가로 근무하기를 꿈꾼다. 지금은 발달장애인 지원 영역에서 최고의 실천가가 되기 위해 매일 새롭게 거듭나고 있다.

발달장애인 지원 실천가
김기정 사회복지사

현) 한국장애인개발원 부산광역시발달장애인지원센터 팀장
현) 사회복지법인 청전 이사
• 사회복지법인 장선종합복지공동체 이사
• 사단법인 부산 복지전화네트워크 근무
• 부산광역시노인종합복지관 근무
• 부산종합사회복지관 근무
• 경성대학교 사회복지대학원 졸업
• 경성대학교 사회복지학과 졸업
• 지역사회복지증진 유공 수영구청장상
• 시원 사회복지사상

사회복지사의 스케줄

김기정
사회복지사의
하루

07:00 ~ 8:50
▶ 기상 및 출근 준비
07:50 ~ 8:45
▶ 출근(대중교통)

08:45 ~ 09:00
▶ 사무실 PC 켜기 및
 티타임
09:00 ~ 12:00
▶ 오전 근무

12:00 ~ 13:00
▶ 점심 식사

13:00 ~ 18:00
▶ 오후 근무
18:00 ~ 19:00
▶ 퇴근(대중교통)

19:00 ~ 20:00
▶ 저녁
20:00 ~ 22:30
▶ 가족과 함께 보내는 시간

22:30~23:00
▶ 취침 준비
22:30~
▶ 취침

신앙생활로
나의 가치관을
세우다

▶ 초등학교 시절

▶ 어린 시절

▶ 순정만화를 좋아하던 어린 시절

Question 어린 시절을 어떻게 보내셨나요?

1남 2녀 중 막내였어요. 아버지께서는 외양 선원이셨는데 1년 근무 후, 1달 정도만 집에 계셔서 자연스럽게 어린 시절 대부분을 어머니, 누나들과 함께 보냈어요. 누나들과 주로 많은 시간을 보내다 보니 자연스럽게 몸으로 하는 놀이보다는 주로 공기놀이, 2D 인형 놀이 등을 하였고, 명랑만화보다는 순정만화를 보면서 초등학교 시절을 보냈어요.

Question 어린 시절, 특별히 기억에 남는 일이 있으신가요?

초등학교 때 태풍으로 인해 휴교가 된 날이 있었어요. 오후가 되어서 태풍이 지나간 후 친구들과 놀기 위해 학교에 갔는데 태풍으로 인해서 운동장에 쓰레기가 너무 많이 있는 거예요. 친구들에게 쓰레기부터 먼저 치우고 놀자 했고, 우리가 정리하는 모습을 교장 선생님께서 우연히 보시고는 다음 날 전체 조회 시간 때 전교생 앞에서 칭찬을 해주셨던 기억이 납니다. 좋은 기억 덕분에 이후 자연스럽게 소풍이나 운동회 때 뒷정리를 하게 되었지요.

Question 학창 시절 좋아했던 과목이 있으셨나요?

초등학교 때 산수를 좋아해서 산수 경시대회와 암산대회 등에 나가 수상을 했던 기억이 있어요. 중·고등학교 시절에도 수학을 좋아했고요. 또 중학교 때는 한국사와 세계사를 좋아해서 '먼나라 이웃나라' 책을 최소 10번 이상은 읽었던 것 같아요. 고등학교 때는 문학 시간에 시에 관심이 많아 김소월 시인의 '진달래꽃', 윤동주 시인의 '서시', 한용운 시인의 '님의 침묵' 등을 많이 좋아했답니다.

Question 대중문화에도 관심이 많았다고요?

초등학교 시절 교회를 처음 다녔을 때부터 대중문화에 관심이 아주 많았고, 중학생 때에는 대한민국 대중문화의 중심에 교회가 있었다는 사실을 알게 되었어요. 학창 시절 학교 단체영화 관람을 통해 특히 영화의 매력에 푹 빠졌었죠. 기억에 남는 영화는 로보캅, 영웅본색, 시티오브조이, 레인맨 등이 있네요.

Question 학교생활에 대해서 말씀해주세요

중·고등학교 시절 성적은 반에서 중간 정도였어요. 국어, 수학, 한국사, 문학은 잘했지만, 영어, 체육, 미술, 음악은 잘하지 못했어요. 중학교 때에는 싸움을 잘하는 친구들이랑 많이 어울려 다녔었는데, 고등학교 때부터는 교회를 함께 다녔던 친구들이랑 어울렸어요. 동아리 활동까지는 아니고 교회에 다니면서 자연스럽게 'Student For Christ'를 알게 되었고, 교회 친구들과 함께 모임 등에 참여했었죠.

Question 현재 진로에 도움이 될 만한 학창 시절 활동이 있었나요?

교회에서 하는 수련회에 가면 진행 팀에 들어가서 다양한 봉사활동을 했어요. 지금 생각해보면 교회에 다니면서 지역사회를 알게 되었고, 자연스럽게 또래들과 함께 활동하고, 행사를 기획하고 준비하고 진행하는 것을 배워나갔던 것 같아요. 또 고등학교 3학년 때에는 대중문화를 소개하는 나만의 작은 소책자를 만들어서 주 1회 친구들에게 나누어 주기도 했답니다. 대학 시절 만들었던 사회복지학과 학회지 등에서 글을 쓰고 취합하고 완성하는 것을 배워나갔던 것도 좋은 경험이었고요.

학창 시절 특별한 꿈이 있으셨나요?

초등학교 때에는 다른 사람에게 도움이 되는 목사님이 되는 것이 꿈이었어요. 중·고등학교 시절에는 역사 과목을 좋아해서, 영화 인디아나 존스의 주인공처럼 고고학자가 되는 것이 꿈이었고요. 하지만 아버지는 행정학과를 졸업하고 공무원이 되기를 바라셨지요.

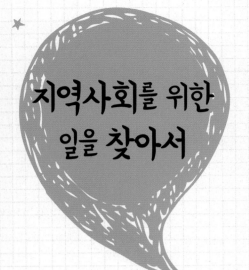

지역사회를 위한
일을 찾아서

▶ 학창 시절

▶ 학창 시절_캠핑장에서

▶ 2002년 아시아태평양 장애인 경기대회 개막식

사회복지학과를 지원하시게 된 특별한 이유가 있으신가요?

초등학교 시절부터 시작된 교회 생활에서 자연스럽게 지역사회라는 것을 알게 되었고, 대한민국 지역사회 중심에는 교회가 있었다는 것을 알게 되었어요. 그러면서 자연스럽게 내가 지역사회를 위해서 할 수 있는 것이 무엇일까? 고민하게 되었고, 대학 진학을 위해 학과를 알아보던 중 '사회복지학과'라는 것이 운명처럼 눈에 들어왔어요. 그 순간부터 사회복지학과를 진학하기 위해 공부를 했지요.

Question **군대에서 많은 변화가 있으셨다고요?**

대학교 1학년 때는 공부와 자원봉사활동, 동아리 활동이 전부였어요. 1학년을 마치고 군대에 입대하게 되었는데 군 생활 하는 동안 정말 많은 변화가 있었지요. 평소 내성적이고 남 앞에 나서는 것을 싫어하는 성격이었지만 예비군 조교 활동을 통해 많은 사람 앞에서 설명하고 훈련을 진행하는 것이 나의 업무였기 때문에 자연스럽게 성격이 변했고, 2년 동안 거의 매주 여러 예비군 형님들을 만나게 되면서 세상에는 참 다양한 사람들이 있다는 것을 알게 되었죠.

Question **대학 생활은 어떠셨나요?**

복학 후에는 4학년 졸업 때까지 사회복지학과 학회지를 만드는 편집부 활동을 했어요. 3학년 겨울방학 때는 종합사회복지관에서 3주 동안 사회복지 현장실습을 했고, 4학년 여름방학 때는 정신건강복지센터 영역에서 4주 동안 현장실습을 했지요. 그 외 행정복지센터에서 어르신을 대상으로 컴퓨터 기초수업 강사로 활동한 경험이 있습니다.

대학 시절 특별히 기억에 남는 일이 있으신가요?

1999년 2학년에 복학하고 대부분의 시간을 학교 전산실에서 보냈어요. 그 시기가 인터넷 초창기로 컴퓨터를 좋아했던 나에게는 정말 신세계였어요. 컴퓨터 하드웨어에 대한 기본 지식은 어느 정도 있었기 때문에 인터넷까지 배워둔다면 나만의 큰 장점이 될 것이라고 확신했죠. 또 고등학교 시절부터 책자 만드는 것을 좋아해서 자연스럽게 편집부 활동을 했었는데요. 남들은 1년 하고 그만했지만 난 졸업 전 조기 취업을 한 상태에서도 후배들과 함께 학회지를 마무리해서 2학년부터 4학년까지 총 3권의 사회복지학과 학회지를 만들었던 일이 가장 뿌듯하고 기억에 남습니다.

Question **현재 직업을 선택하시게 된** 결정적인 이유가 궁금합니다.

장애인도 자원봉사활동을 할 수 있고, 청각장애인도 지체장애인 체험을 할 수 있는 지역사회를 만들고 싶었습니다. 나이키를 신고 뛰는 아이와 고무신을 신고 뛰는 아이 중 달리기를 잘하는 아이가 웃을 수 있는 그런 지역사회 말이지요. 건강한 지역사회를 위해 내가 잘 할 수 있는 사회복지 기관의 사회복지사라는 직업을 선택하게 되었습니다.

Question **사회복지사가 되기 위해** 어떤 준비과정이 필요할까요?

사회복지사 자격증을 취득할 수 있는 다양한 방법이 있지만, 가장 추천을 드리는 것은 정규 대학에서 학위를 받는 것입니다. 사이버대학, 평생교육원 등은 추천하고 싶지 않습니다. 또 중·고등학교 때 자원봉사활동을 제대로 하는 것이 좋습니다. 보통 대부분의 학생은 방학 중 단기간 자원봉사활동을 하고 있습니다. 이런 단기간 자원봉사활동보다는 최소 한 달에 1번 이상 하는 것이 좋고, 환경미화 등 단순 자원봉사활동보다는 프로그램에 참여하는 자원봉사활동을 추천합니다.

Question 사회복지사를 꿈꾸는 청소년들에게 추천하고 싶은 책이나 영화에 대해 알려주세요

영화 '아이 엠 샘'이라는 영화를 추천하고 싶습니다. 여자 주인공인 딸이 지적장애인인 아버지와 함께 사는 것이 좋은 건지, 양부모와 함께 사는 것이 좋은 건지, 사회복지사로서 나의 판단은 무엇인지? 참 다양한 고민을 할 수 있는 영화라고 생각합니다.

Question 사회복지사를 한마디로 표현하신다면?

사회복지사는 '붕어빵에 팥과 같다' 라고 생각합니다. 팥이 없어도 외형상으로는 붕어빵이 될 수 있다고 생각합니다. 하지만 팥이 없는 붕어빵은 정말 맛이 없을 것입니다. 사회복지사도 마찬가지라고 생각합니다. 학교, 병원, 교도 시설, 군대, 회사, 공공기관 등등 다양한 영역에 사회복지사가 근무를 할 수 있다면 그 영역이 얼마나 행복할까? 상상해 봅니다.

사회적 약자를
위해 살아가기

▶ 부산해양대학교 해양 캠프

▶ 장애,비장애 농촌봉사활동

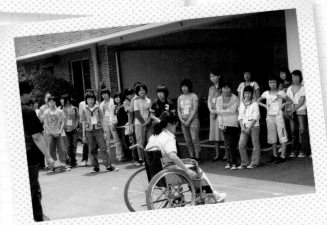

▶ 청소년 장애체험

Question 현재하시고 계신 일에 대한 설명을 부탁드립니다.

보건복지부 산하 기타 공공기관인 한국장애인개발원이 위탁운영하고 있는 부산발달장애인지원센터에서 근무하고 있습니다. 센터에서는 개인별 지원팀, 권익 옹호팀, 운영지원팀으로 구성되어 있으며, 개인별 지원팀 팀장으로 재직하고 있습니다. 개인별 지원팀은 발달장애인 개인별 지원 계획, 성인 발달장애인 주간활동서비스 지원, 청소년 발달장애학생 방과 후 활동서비스 지원, 발달장애인 부모교육 지원, 발달장애인 가족 휴식지원 사업 등을 하고 있습니다. 권익 옹호팀은 발달장애인 권리구제 지원, 공공후견 지원 사업을 하고, 운영지원팀에서는 홍보 및 네트워크 사업 등을 하고 있습니다.

Question 사회복지사가 된 후 첫 업무는 어떤 일이었나요?

종합사회복지관에 출근해서 사회복지부에 배정을 받아 맡은 첫 업무가 경로 식당, 자원봉사자 및 후원자 개발과 관리, 사회교육 프로그램이었어요. 경로 식당 운영을 위해 조리사와 식단을 정하였고, 자원봉사자가 매일 참여할 수 있도록 일정 조율 및 확인을 하였지요. 경로 식당을 이용하시는 어르신 및 장애인에 대해서는 초기 상담 및 대상자 선정, 출석 체크 등을 통한 관리를 하였고요. 입사 후에 한 달이 지나서는 매년 12월에 진행하는 자원봉사자 및 후원자의 밤 행사를 담당하게 되어 기획 및 진행을 했었답니다.

Question 발달장애인지원센터의 근로 여건은 어떤가요?

기본적으로 9시 출근 18시 퇴근이고, 급여는 매년 12월~1월 사이에 보건복지부가 공지하는 사회복지시설 종사자 인건비 가이드라인을 따릅니다.

Question **사회복지사에 대한** 전망은 어떻게 보시나요?

공공분야의 사회복지전담 공무원, 민간분야의 사회복지사, 교육 분야의 교육 사회복지사, 의료분야의 의료사회복지사·정신보건 사회복지사 등 사회복지사가 필요한 분야는 앞으로도 훨씬 많아지리라 생각합니다.

Question **사회복지사가 되고 나서** 새롭게 알게 된 점은?

가난하고 어렵고 힘든 사람에게 필요한 사람이 사회복지사라고 생각했는데, 사회복지사로 일하면서 대한민국에 사는 모든 사람에게 필요한 사람이 사회복지사라는 것을 알게 되었지요.

Question **스트레스를 해소하기 위한** 취미활동이 있으신가요?

결혼 전에는 좋아하는 영화나 일본드라마 등의 동아리 활동을 했었고, 결혼 후 아이가 생기기 전에는 아내와 여행을 많이 다녔고, 아이가 생긴 후에는 SNS를 통해 느슨한 연대에서 소통하며 스트레스를 해소하고 있습니다.

Question 본인이 추구하는 직업 철학이 있으신지요?

사람은 사람을 통해 변화할 수도 있지만, 사람만 변화한다고 끝이 아닙니다. 중요한 것은 그 사람의 환경이 변해야 한다고 생각합니다. 그 답은 선별적 복지보다는 보편적 복지에서 답을 얻을 수 있죠. 복지는 기본적으로 국가책임제에서 이뤄져야 한다고 믿고 있습니다.

Question 일하시면서 보람을 느낄 때는 언제인가요?

3년 차가 되었을 때 재가복지봉사센터로 발령을 받아 사례관리, 도시락배달 서비스, 이·미용 서비스, 세탁 서비스, 한부모 아동 멘토링프로그램 등을 담당할 때의 일인데요. 사례관리 가정 중에서 조손가정의 손녀가 고등학교 진학을 위해 장학생에 꼭 선발되어야만 하는 상황이 있었어요. 장학생에 선발될 수 있게 함께 자기소개서 작성 및 면접 준비를 열심히 했고, 최종 장학생으로 선발이 되었을 때 저에게 감사하다며 너무나도 기뻐하시던 할아버지, 할머니의 모습이 아직도 생생하고 뿌듯했습니다.

Question 기억에 남는 사회복지 활동이 있으신가요?

일반 중학교 학생과 청각장애 특수학교 학생이 함께하는 노는 토요일 연합동아리 활동을 기획 진행했었어요. 축구동아리, 수화동아리, 컴퓨터동아리, 봉사동아리, 요리동아리 등 5가지 동아리를 만들어 운영했었고 여름방학 때는 학생들과 함께 2박 3일 농촌 봉사활동을 기획하고 진행했었지요. 처음에는 서먹서먹하던 학생들이 수첩, 핸드폰 등을 활용해서 너무나 자연스럽게 소통하는 모습이 보기 좋았고 기억에 많이 남아있습니다.

Question **앞으로의** 비전을 묻고 싶어요?

　앞으로도 꾸준히 사회복지사로 근무하고자 하는 것이 나의 목표입니다. 기회가 된다면 후배 사회복지사를 위해 내가 할 수 있는 역할에 대해 고민 중이기도 하고요. 또 현재 근무하고 있는 발달장애인 영역에서 최고의 실천가가 되기 위해 지속해서 공부를 하고 있습니다.

Question **청소년들에게** 해주고 싶은 말씀을 부탁드립니다.

　더 나은 세상을 위해 작은 실천부터 실행해보는 건 어떨까요? 예를 들면, 주변에 장애인이 있다면 그들을 장애인으로 바라보는 것이 아니라, 나와 같은 존재로 바라봐주세요. 그리고 비장애인에게 하듯이 그들에게도 똑같이 하면 됩니다. 장애인은 특별한 존재나 도움이 필요로 하는 존재가 아닙니다. 그리고 누군가의 도움이 꼭 필요하면 언제든지 사회복지사를 찾아주세요. 사회복지사는 언제나 여러분의 곁에 있습니다. 학교에 근무하는 학교 사회복지사, 복지관에 근무하시는 사회복지사, 공공기관에 근무하는 사회복지사 등등 말이지요.

사회복지 현장에서 15년간 근무를 하였고, 사회복지학 박사이며 사회복지에 관한 학문을 지속해서 연구하고 성장하는 사회복지사다. 첫 직장을 우연히 사회복지와 관련된 곳에 취업하게 되었고, 이후에 사회복지에 관심이 생겨 본격적으로 전공을 하게 되었다. 현재 사회복지학부 학생들에게 지역사회복지론, 사회복지와 인권을 가르치는 교수로 재직 중이며 소외계층을 위한 교육사업 단체인 '아시아 나눔 사회적 협동조합'의 대표이사이기도 하다.

성희롱 예방교육과 인권교육 강사로도 활동하며 다양한 영역에서 실천적 사회복지학을 이야기하고 있다. 지역사회보장협의체 활동을 통해 복지 사각지대 발굴을 위해 끊임없이 노력하고 있다. 더 나은 세상을 위해 현장에서의 오랜 경험을 바탕으로 실천하는 사회복지 전문가가 되는 것을 소망하고 있다.

아시아 나눔 사회적협동조합 대표이사
전미영 사회복지사

현)'아시아 나눔 사회적 협동조합' 대표이사
현) 한세대학교 사회복지학 외래 교수
현) 인권교육 강사 (한국보건복지인력개발원 등 소속)
현) 군포1동 지역사회보장협의체 활동
• 사회복지법인 중증장애인 거주 시설 근무
• 한세대학 사회복지학 박사
• 한세대학 사회복지학 석사
• 한국사이버대학 사회복지 학사
• 안양과학대 사무자동학과 전문학사

사회복지사의 스케줄

전미영
사회복지사의
하루

24:00 ~
▸ 취침

06:00~09:00
▸ 기상 및 출근
　(개인사무실)

20:00 ~ 24:00
▸ 업무 및 교안작성 등

09:00 ~ 18:00
▸ 협동조합업무,
▸ 강의, 수업 준비 등

19:00 ~ 20:00
▸ 운동

18:00 ~ 19:00
▸ 귀가 및 보호자의 역할

칭찬은 고래를 춤추게 한다

▶ 어린 시절

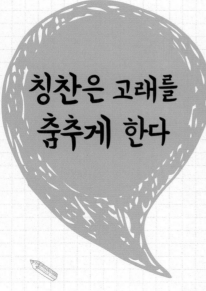

▶ 어린 시절 언니, 남동생과 함께

▶ 어린 시절

Question 어린 시절을 어떻게 보내셨나요?

아주 평범한 환경에서 부모님과 함께 언니, 남동생이 즐겁게 생활했던 어린 시절이 떠오르네요. 부유하지는 않지만, 행복한 가정, 행복하지만 또 그 속에 나름대로 걱정도 있고 갈등도 있는 누구나 겪을 만한 그런 환경 속에서 자랐어요. 평범한 가정 속에서 너무나 서로가 바쁜 삶 속에서 나눔과 배려라는 것을 자연스럽게 익힌 것 같아요.

Question 학창 시절에 어떠한 학생이었나요?

어려서부터 너무 내성적인 편이었어요. 친구들과도 쉽게 친해지는 편이 아니어서 친한 친구들이 손에 꼽힐 정도였어요, 학교에서는 선생님이 말씀하시는 말은 절대적으로 지키는 그런 아이였는데 공부를 열심히 해도 성적은 잘 나오지 않는 편이었죠. 지금 생각해보면 사실 모범적이면서도 조금은 답답한 면이 있었었던 것 같아요. 어린 시절 공부를 잘하지 못해 좋아했던 과목은 없지만 체육 시간은 좋아했었죠. 잘하지는 않았지만, A를 받기 위해 부단히 노력했던 과목이 체육이었거든요. 성과가 당장은 나오지 않았지만, 부단히 노력했던 학생이었답니다.

Question 특별한 꿈이 있으셨나요?

어릴 적엔 은행에 가면 은행원이 돈을 빠르게 세는 모습이 너무 멋있고 신기해 보여서 은행원이 되고 싶다는 생각을 많이 했고요. 좀 커서 진로를 생각할 때쯤에는 유치원 선생님이 되는 게 꿈이었답니다. 사실 사회복지라는 단어는 어려서는 잘 몰랐던 단어였고요. 지금의 학생들은 많은 것을 다양한 언론매체를 통해 듣고 알지만, 제가 어려서는 당장에 보이는 것에 목표를 많이 두었던 것 같아요

실업계(특성화) 고등학교로 진학을 하셨다고요?

다른 꿈과 생각을 갖고 고등학교를 인문계가 아닌 실업계(특성화)로 진학을 했어요. 그런데 그게 제 인생의 전환기가 되었죠. 고등학교에서 저의 날개가 펼쳐졌으니까요. 학교 선생님들이 인정해주셨고, 성적도 우수한 편에 속하다 보니 자연스럽게 임원을 맡게 되었고, 극히 내성적이었던 아이가 주변의 환경으로부터 인정을 받으면서 좋은 방향으로 점점 발전되는 계기가 되었어요. 다른 사람들은 고등학교 시절이 힘 들었다고 많이들 회상하지만, 저는 인생에 있어서 가장 행복했던 시간이었죠. 미술 선생님을 좋아해서 미술부에 들어가 열심히 활동도 했고, 선도부 활동도 했었지요. 학교에서 임원진들을 대상으로 1박 2일 군부대체험을 하러 갔었는데 힘들어서 많이 울기도 했었지만, 2일간의 군부대체험이 제 기억 속에 마음의 큰 양식으로 자리 잡았죠. 학교 곳곳에서 제가 할 수 있는 역할을 많이 했었답니다. 인정받았기 때문에 그만큼 열심히 했던 것 같아요.

학창 시절 진로에 도움이 될 만한 활동이 있었나요?

고등학교 1학년 때부터 지속해서 봉사 활동을 했었어요. 선배들과 어른 회원들이 함께 '숨은 사랑 찾기'라는 봉사동아리에서 봉사활동을 하며 일일찻집과 거리모금 운동, 독거 어르신 돕기 등 다양한 활동을 많이 했었죠. 그때의 뿌듯했던 기억들이 지금 사회복지를 하면서도 많이 생각납니다. 사실 이 기간이 사회복지를 시작하게 만들었던 계기가 되었던 것 같아요.

Question **진로 결정할 때** 도움을 준 멘토가 있으신지요?

선생님들의 역할이 너무 많이 중요하다고 생각이 들어요. 중학교 때 열심히 공부했지만, 성적이 노력한 것에 비해 좋지 않아 어쩌면 알아주지 않는 분위기였다면 고등학교 때에 만난 선생님께서는 성적이 먼저가 아닌 사람을 먼저 봐주시는 선생님들 덕분에 진로 결정에 많은 도움을 받았습니다. 사람으로 대해주시고, 성적보다는 인성을 먼저 봐주시고 이름을 불러주시던 선생님들… 지금도 사실 너무나 감사하죠! 생각해 보면 지금의 저를 만든 분들이시기도 하니까요. 지금도 찾아뵙고 있는 고등학교 때 선생님이 저에게 가장 많은 영향을 주신 분이시지요.

Question **사회복지를 선택하는 과정에서** 영향을 받은 요소들이 있나요?

가족 중에서도 딱히 존재감이 드러나지 않던 저였던 것 같아요. 그런 저의 이야기를 부모님께서는 언제나 잘 귀담아 들어주셨고 성적에 있어서나 어떤 행동에서도 크게 혼내시거나 상처를 주신 적 없이 밝고 긍정적으로 키워주셨던 부모님의 영향이 매우 큰 것 같아요.

Question **사회복지를 전공하게 된** 계기는 무엇이었나요?

처음에는 사회복지에 관심이 있지 않았어요. 고등학교를 인문계가 아닌, 실업계(특성화)를 선택했기 때문에 처음에는 컴퓨터 쪽을 전공하고 사회복지와 관련된 곳에 취업하게 되었고, 사회복지 현장에 있으면서 자연스럽게 현장에 있기 때문에 사회복지를 좀 더 알아야 하겠다는 생각에 이후에 사회복지를 다시 공부하게 되었습니다.

대학 생활은 어떠셨나요?

대학 생활 또한 저에게는 일탈이 전혀 없는 너무나도 평범하고 모범적인 생활을 했었어요. 학업 활동 위주로 지냈던 것 같아요.

사회복지를 다시 전공하게 되는 과정에 대해 좀 더 상세히 설명해주세요?

사회복지 현장에서 사무원으로 근무하다 보니, 사회복지라는 학문에 관심을 두게 되고, 현장과 이론은 과연 일치할까? 다른 부분이 있을까? 그렇다면 내가 무엇을 할 수 있을까? 하는 생각에 사회복지를 전공하게 되었습니다. 사회복지 실천 현장에서 다른 직종의 매력도 있지만, 진정한 사회복지 전문가가 되기 위함이었죠.

▶ 도지사상 표장

세상은
아직 따뜻하다

▶ 지역사회 봉사활동

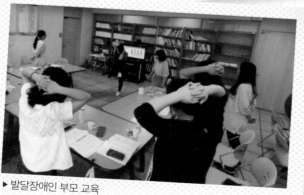

▶ 발달장애인 부모 교육

Question 현재 직업을 선택하시게 된 결정적인 이유가 궁금합니다.

봉사를 많이 한 경험이 직업으로 사회복지사를 선택하게 된 이유가 된 것 같아요. 사회복지를 몰랐던 저에게 사회복지사란 꿈을 만들어주고, 관심을 가지게 했던 부분이었지요. 대학 시절 동아리 활동이나 봉사활동을 통해 독거 어르신을 돕고, 거리 모금 활동, 일일 찻집, 일일 호프를 하면서 모금이라는 것을 그때 당시에는 사회복지를 모르는 상황 속에서 무작정 했었어요. 좋은 일이기에 함께 하며 나눌 수 있어서 모든 일이 즐겁고 행복했던 그 시간이 저의 사회복지 경력 동안에 가장 사회복지를 잘 실천한 부분이었다고 생각합니다. 나와 다른 생각과 다른 환경과 상황을 가진 사람이 많고, 장애인, 어르신, 청소년 등 다양한 기관으로 봉사활동을 가면서, 환경적으로 너무 열악해서 가기 싫었던 곳도 있었고, 치매 어르신이나 장애인과 대면하는 것조차도 매우 힘들어했던 내가 그분들과 하루하루 함께 하면서 어느 순간 우리는 모두 다 같은 사람이고, 함께 살아야 한다고 느꼈던 시점이 사회복지에서 가장 중요한 부분을 알게 되었던 소중한 기회였습니다.

Question 첫 직장에 대해 좀 더 자세한 설명을 해주실 수 있나요?

첫 직장의 경험이 바로 봉사에서 시작된 곳이었어요. 그 기관은 처음에는 비인가 시설이었는데, 중증장애인 거주 시설의 허가를 받기 위해 설치 신고를 하는 과정에서 저의 사회복지가 시작되었고, 한 직장에서 15년이라는 긴 시간을 함께했던 계기가 되었지요. 중증장애인분들과 함께하며 처음에는 다소 힘든 부분도 있었지만, 지금은 누구보다 사랑스럽고 많은 것을 할 수 있는 강점을 가진 분들이라는 걸 알게 되었죠. 그곳에서는 직접 서비스 보다는 행정지원 쪽에서의 역할을 했었는데도 나중에는 눈빛만 봐도 어떤 이야기를 하는지 알 수 있는 사이가 되더라고요. 물론 지금은 퇴사해서 대상자분들을 자주 보지는 못하지만, 그곳에 가면 너무나도 친절하게 어제 만난 사람을 대하듯 해주셔서 너무도 기쁘답니다.

Question 사회복지사가 된 후 업무가 힘들지 않으셨나요?

15년 전 사회복지사로 첫발을 내디디고 아무것도 모르고 진행했던 부분이라 긴장감만 가득했던 것 같습니다. 그래도 대상자와의 만남에서 대상자를 이해하려는 노력을 많이 했던 거로 기억됩니다.

Question 현재하고 계신 일에 대한 설명 부탁드립니다.

'아시아 나눔 사회적 협동조합'의 대표직을 맡고 있습니다. '아시아 나눔 사회적 협동조합'은 사회복지학 박사과정에서 만난 학교 선배님들과 사회복지를 전공하고 사회복지 현장 경험이 있는 분들이 함께 모여 만든 교육부 승인단체로 교육 취약계층을 대상으로 교육 소외계층 장학사업, 사회적 약자의 평생교육을 위한 교육 사업을 추진하고자 설립된 단체입니다. 사회적 협동조합으로 시작한 지 얼마 되지 않아, 특별한 복지실적은 많지 않지만, 취약계층 평생교육 사업, 인권 관련 강의, 복지 사각지대 대상자를 발굴하고, 지원서를 제출하여 연계하는 업무를 진행하고 있습니다. 다른 영역에서는 학문을 강의하는 교수로 중증장애인 거주 시설에서의 경험을 살려 사회복지학부 학생들에게 지역사회 복지론과 사회복지와 인권 과목을 강의 중입니다. 또 한국보건복지인력개발원, 병무청 사회복무 연수센터, 국방국악문화진흥회 소속의 프리랜서 강사로도 활동하며 다양한 영역에서 실천적인 학문을 이야기하고 있고, 군포1동 지역사회보장협의체 활동을 통해 복지 사각지대 발굴을 위해 노력하고 있습니다.

Question **사회복지사의** 근무 여건은 어떤가요?

사회복지사의 근무환경은 사회복지 현장이 너무나도 다양하다 보니 많은 차이가 납니다. 보건복지부 지침에 근거하여 급여, 근무환경 등이 정해지지만, 환경 급여체계는 모두 다 다르고, 열악한 환경에서 근무하는 사회복지사 또한 아직은 많이 존재하고 있습니다.

Question **사회복지사의** 전망은 어떨까요?

로봇이 대체 하는 업종이 늘어나고 있어 직업이 많이 변화되고 있는 현실이지만, 그래도 사람의 마음을 확인하고, 사람의 마음을 나누는 것은 전산이나 기계가 대체 할 수 없다고 생각됩니다. 그렇기 때문에 사회복지사는 사회가 전산화되고 첨단화됨에 따라서 더 필요한 곳이 많아질 것으로 생각됩니다.

Question **사회복지사가 되고 나서** 새롭게 알게 된 점은?

우리 주변에는 정말 많은 사회복지 현장이 있고, 내가 미처 몰랐던 사회복지 대상자가 너무나도 많다는 것을 알게 되었죠. 그리고 대상자분들을 위해 함께 협업할 수 있는 자원체계 또한 아주 많다는 사실을 알았죠. 세상이 아무리 험하다 해도 우리가 사는 세상에는 좋은 분들, 마음이 따뜻한 분들이 훨씬 많다는 것을 사회복지를 통해 더욱더 알게 되었죠. 우리에겐 희망이 있고, 살만한 세상이라는 것을 굳게 믿어요.

Question **사회복지사에 대한** 오해와 진실이 있다면 무엇인가요?

사회복지사는 전문가입니다. 윤리경영도 있고, 1년에 1회 치러지는 보건복지부 주관 사회복지사 1급 자격증도 있습니다. 전문성을 향상하기 위해 보수교육 등 다양한 체계 또한 있지만, 사회복지사는 전문가보다는 봉사라는 인식이 아직도 많습니다. 또 언론에 보도되고 있는 사회복지 현장에서의 사건 사고들이 일부 소수의 기관임에도 불구하고, 사회복지 기관 전부가 부정을 저지르고 대상자를 학대하는 등 좋지 않은 시선으로 바라보는 경우가 있을 때는 마음이 무겁습니다.

Question **스트레스는** 어떻게 푸시는지요?

개인적으로 스트레스를 많이 받는 편은 아니지만, 스트레스를 받게 되면 좋아하는 사람들을 만나는 편입니다. 저를 이해해주고, 이야기를 들어줄 수 있는 친구를 만나 수다를 떨기도 하고요. 정말 속상하거나 극도의 스트레스를 받을 때는 컴퓨터의 파일을 열어서 속상한 마음을 글로 적기도 합니다. 그러면 좀 풀리더라고요.

Question **업무 프로젝트 중에서 가장** 기억에 남는 것은 무엇인가요?

삼일회계법인에서 주관하는 삼일 투명경영대상 프로젝트에 참가했던 일이지요. 사회복지 현장에 있으면서 가장 큰 프로젝트가 아니었나 싶어요. 제가 주도하면서 진행을 했었는데, 1차 선정 후 현장 심사 때, 갑자기 목에 편도가 부어 병원에서도 쉬어야 한다고 진단을 받았었죠. 힘들었지만 2차 현장 심사까지 참여하면서 끝까지 일을 수행했고 좋은 결과까지 나오게 되어 힘들었지만 가장 보람 있었던 일로 기억에 많이 남습니다. 아마 어려서부터 성과는 안 나오지만 성실하게 학교 생활했던 부분이 성장해서도 발휘가 되었던 것 같아요.

실패를
두려워하지 마라

▶ 인권 강의 활동

▶ 장애 인식개선 강의 활동

▶ 강의 활동

Question 가장 중요하게 생각하는 직업 철학은 무엇인가요?

복지 사각지대 발굴의 업무가 중요합니다. 협동조합을 운영하고, 인권강의를 하고, 지역사회보장협의체의 활동을 통해 복지 사각지대의 격차를 줄이기 위해 노력하고 있지만, 아직 해야 할 일도 많고, 생각해야 하는 부분이 너무나도 많습니다.

Question 복지 사각지대를 줄이기 위해 우리(청소년)가 해야 할 일은 무엇일까요?

주변을 바르게 바라봐 주실 수 있는 눈이 필요합니다. 나와 너는 당연히 다르지만 다름을 인정하고 다른 것을 존중해 주는 마음이 필요합니다. 내가 도울 수 있는 영역이 있듯이 나도 도움을 받을 수 있다는 생각과 다름을 곧은 마음으로 바라볼 수 있는 것만 있다면, 그리고 함께해야 하는 것이 당연하다고 인식될 경우에 청소년분들은 이러한 마음으로 복지 사각지대를 줄일 수 있는 시작점에 다가서 계실 것입니다.

Question 앞으로 삶의 비전은 무엇인가요?

사회복지실천 현장에서의 오랜 경험을 바탕으로 실천하는 사회복지의 전문가가 되는 것이 가장 큰 비전이라고 할 수 있겠네요. 그러기 위해 사회복지 박사과정을 마치고, 사회복지 현장에 대한 조사 분석을 통해 현장에서의 어려움을 해소하기 위한 부분에 있어 학업을 지속할 거고요. 장애인과 어르신들의 생산품을 연계하여 판매할 수 있는 루트를 만들고자 새롭게 유통업을 배우고 있고 테스트하고 있습니다. 또 우수한 사회복지 전문가를 양성하기 위해 사회복지 학부생을 가르치는 일도 꾸준하게 열심히 할 생각입니다. 앞으로도 더 좋은 세상이 될 수 있도록 제가 할 수 있는 범위의 일을 하고 알리고 제안하고 설득하는 실천하는 사회복지 전문가가 되려고 합니다.

Question 직업으로서 사회복지사의 매력은 무엇인가요?

    사회복지 일을 하게 되면 마냥 신나고 좋지만은 않습니다. 다양한 역경에 부딪히는 경우도 많고, 아이러니하게도 자신의 가정복지에 소홀해지는 경험도 하게 됩니다. 하지만, 대상자의 강점을 찾고, 함께 밀어주고 당겨주며 그들이 문제점을 해결할 수 있도록 도와주고, 조금씩 안정되어 가는 대상자를 볼 때는 많은 보람을 느끼게 되지요. 이것이 직업인으로 느끼는 가장 큰 매력이라고 생각합니다.

Question 마지막으로 청소년들에게 해주고 싶은 말씀을 부탁드립니다.

    지금 실패해도 괜찮습니다. 꿈을 아직 갖지 못했어도 괜찮습니다. 내게 주어진 환경에, 내게 주어진 상황에 맞춰서, 긍정적으로 생활하다 보면, 어떠한 한 부분에서, 어떠한 한 행동에서 '아! 내가 이 일을 해야겠구나!'라는 생각이 들 것입니다. 공부를 잘하고 못하고의 여부를 따지기 전에 나를 돌아보고 나의 강점을 가장 잘 아는 학생이 사회복지사로서 또는 다른 영역에서 가장 성공하는 사람이 될 것입니다. 힘든 시기를 겪고 있고 공부가 너무 어렵고, 삶이 불안할 수 있지만, 여러분은 충분한 자격과 능력이 있는 분들임을 항상 잊지 않으셨으면 좋겠습니다. 지금의 길이 다소 불안하시더라도 여러분은 잘 할 수 있는 분이라고 스스로 믿으셨으면 좋겠습니다. 여러분 힘내시기 바랍니다.

사회복지사를 한마디로 표현하신다면 어떻게 말씀하실는지요?

'기다림의 연속! 하지만 즐거움의 연속입니다.'라고 표현하고 싶습니다.

늘 나를 기다리는 사람들이 있기에, 내가 봐야 할 곳이 있기에, 내가 한 발짝 다가가야 할 사람들이 있기에, 우리 주변에는 늘 사람이 있기에, 서로서로 즐거운 기다림으로 사회복지사를 만나고 함께 하지 않을까 합니다.

인천광역시 동구에 위치한 '창영종합사회복지관'에서 사례관리 팀장으로 재직 중인 사회복지사. 사회복지학과를 졸업하고 8년간 현 직장에 지속해서 근무 중이다. 입사 후 결식 우려 지역주민과 주거 취약계층을 위해 직접 서비스를 제공하였고 장기요양제도의 이해를 위해 요양보호사 자격증을 취득하기도 했다. 또 주민 모임 지원 및 네트워크 활동과 홍보 업무를 담당한 후 관할 구역 내 위치한 '지역사회보장협의체'에 위촉되어 지역 활동을 꾸준히 수행하고 있다. 현재는 사례관리팀에서 지속적으로 지역 내 취약계층을 발굴하고 지원하는 업무를 하고 있으며 인천광역시 청년 네트워크 제3기 위원으로 활동 중에 있다.

사회복지 현장의 최전선에서 일하는 사회복지사로 사회복지 정책에 관심을 두고 사회복지 정책전문가를 목표로 끊임없이 노력하고 있다.

창영 종합사회복지관 사례관리팀장
방희범 사회복지사

현)창영종합사회복지관 사례관리 팀장
현)인천광역시 동구 금창동 지역사회보장협의체 위원
현)인천광역시 제3기 청년 네트워크 위원
- 서울신학대학교 사회복지학과 졸업
- "제3회 인천 동구 사회복지의 날"
  사회복지 유공자 구청장상 수상
- "2021년 인천 사회복지사대회"
  사회복지 유공자 인천광역시의회 의장상 수상

사회복지사의 스케줄

방희범
사회복지사의
하루

* 현재 담당하고 있는 업무(사례관리) 특성상 일과 중 시간 내 고정업무가 부여되지 않고 주 단위, 월 단위 스케줄이 혼재되어 있어 업무를 특정하기 어려워 오전 업무와 오후 업무로 구분함.

22:00 ~ 23:00
▶ 인터넷 웹서핑 및
유튜브 시청
23:00 ~
▶ 취침

07:00 ~ 08:00
▶ 기상 및 출근 준비
08:00 ~ 09:00
▶ 출근 및 업무 준비

18:00 ~ 20:00
▶ 퇴근 및 저녁식사
20:00 ~ 22:00
▶ 뉴스 시청 및 운동

09:00 ~ 12:00
▶ 오전 업무
(팀 회의, 업무 연락,
대상자 가정방문
상담 등)

13:00 ~ 18:00
▶ 오후 업무
(대상자 내방 상담,
업무 연락,
기록지 작성 등)

12:00 ~ 13:00
▶ 점심 휴게시간
(점심, 운동)

봉사활동으로
얻은 '만족감'

▶ 어린 시절

▶ 해수욕장에서

▶ 색동저고리를 입고

Question 어린 시절에 어떤 분이셨나요?
- -

　장난기 많고 사람 웃기는 것을 좋아하던 아이였어요. 아버지 친구들이 보시면 항상 "넌 꼭 개그맨 해야겠다."라는 말을 해주셨고, 아버지 또한 제가 개그맨으로 대성할 줄 알았다고 하셨죠. 아버지는 목회를 하셨기 때문에 교회는 저의 놀이터였어요. 외딴곳에 위치한 교회였기 때문에 주변에 놀게 부족했고, 아버지의 공구 박스를 들고 쓰러진 나무를 톱질해 새총을 만들거나, 주변의 산과 들로 잠자리를 잡으러 다녔던 기억이 많습니다. 활발했던 저의 모습에 아버지와 어머니는 "다른 사람에게 인사 잘하고 남에게 절대 피해 주지 말라"고 항상 주의하셨어요. 아버지는 목사로서 교인들 앞에서 인자한 모습을 보이셨지만 자식들에겐 엄격하셨어요. 그런 아버지가 무섭기도 했지만 설교하던 모습은 정말 멋있었습니다. 어머니는 늘 인자하고 교회와 집안일을 열심히 하시던 분이셨기에 어린 저는 어머니를 더 좋아하고 따랐답니다.

Question 어린 시절 가정에 큰 변화가 있으셨다고요?
- -

　초등학교 4학년 때는 제 인생에 가장 큰 변화의 시기였어요. 당시 학교에서 친구들에게 따돌림을 당해 항상 의기소침해 있었던 와중에 아버지는 돌연 목회를 그만두시고 이사를 간다고 하셨어요. 힘들던 학교생활에서 벗어나 다른 곳으로 간다는 사실이 어린 저에게는 큰 기쁨으로 다가왔던 반면, 다년간 하셨던 목회를 그만두시고 일을 구하시는 아버지의 모습은 충격으로 다가왔었고, 가정 형편의 어려움으로 어머니 또한 아르바이트 하시는 모습들을 보면서 활발하고 장난기 많던 아이에서 조용하고 진지한 아이로 조금씩 성격이 변했답니다.

Question 　학창 시절 학교 성적은 어땠나요?

　　중학교 입학하고 첫 시험은 반에서 중간 정도 한 것으로 기억납니다. 초등학생 시절에 학습 수준이 뒤처지지 않았다고 생각했는데 반에서 절반 정도 한 성적이 조금은 부끄러웠고, 한창 사춘기 나이의 남자들이 모여 초반 서열 경쟁하던 상황에서 성적까지 맘처럼 따라주니 않으니 답답한 심정이었죠. 그때부터 조금씩 공부에 관심을 두기 시작하면서 성적을 올렸고, 고등학교 2학년 때는 성적이 제일 좋았던 것으로 기억합니다. 반 석차는 5위권이긴 했는데 전교 석차가 괜찮았고, 당시 친했던 친구들과 재밌게 공부하며 5위권 내에서 순위싸움을 하는 등 좋은 학업 분위기를 이어나갔습니다. 그때 당시 재밌게 공부하던 친구들과는 아직까지 연락하며 지내고 있어요.

Question 　학창 시절 특별히 좋아했던 과목이 있었나요?

　　근현대사를 공부하고 정치, 사회를 공부하면서 재미를 느꼈어요. 단순하게 학문으로 흥미를 느낀 것이 아니라 과거와 현재 미래를 관통하는 학문이라고 생각했고 특히 인과관계를 바탕으로 벌어지는 학문적 내용이 정치, 사회 과목을 공부하던 당시 사회 상황에도 적용되는 것이 재미있었죠. 당시 "헌정사상 최초 대통령 탄핵 소추"가 가장 큰 이슈였는데, 탄핵소추 상황을 설명하던 선생님의 열정이 저에게도 전달되었었죠. 그전까지만 해도 정치 및 시사 문제에 큰 관심이 없었고, 대통령은 대한민국에서 힘이 센 사람으로 인식하던 저에겐 "탄핵"이라는 단어가 주는 메시지는 상당했어요. 그 이후 정치와 시사 분야에 관심을 가지게 되면서 점수가 높은 편에 속했던 수학, 과학의 유혹을 뿌리치고 문과를 선택했습니다.

희망하는 직업이 있었나요?

연령대별로 달랐습니다. 아버지가 목회를 그만두기 전인 초등학생 시절에는 '목사'였어요. 그 당시 아버지가 교인들 앞에서 설교하시던 모습은 아직도 기억에 생생합니다. 굵직한 목소리로 찬양하고 설교하는 모습은 자애롭고, 믿음이 갔습니다. 하지만 중학생 시절에는 '항공기 파일럿'이 되고 싶었어요. 당시 직업별 평균 급여 최상위권 중 하나가 항공기 파일럿으로 제복을 입고 자유롭게 해외를 다니는 모습이 멋있어 보였습니다. 집 근처에 위치한 항공고와 대학교 항공운항과가 있었기 때문에 당시엔 가능하다고 생각했답니다. 고등학생 시절 초에는 사회과목에 관심이 많아 기자 또는 사회 교사가 되길 희망했어요.

Question **학창 시절 생각나는** 에피소드가 있으신가요?

학업 스트레스를 풀기 위해 쉬는 시간마다 책상을 이어 붙여놓고 친구들이랑 칠판지우개로 탁구를 하고, 종이비행기를 접어서 날리기도 하고, 야간 자율학습 이후엔 어두운 농구코트에서 자정까지 농구를 하고 집에서는 새벽까지 영화를 보는 등 당시엔 공부 외 활동들에 에너지를 많이 쏟았습니다. 아침부터 저녁까지 학교에만 박혀있던 현실을 답답해하며 스트레스 풀 방법을 찾아다녔지요.

　　고등학교 1학년 때 경험한 자원봉사활동이 제게는 큰 도움이 되었습니다. 당시 출석하던 교회 목사님의 추천으로 '푸드뱅크'라는 곳에 여름방학 동안 방문하여 봉사활동을 한 적이 있어요. 당시 활동했던 봉사는 3가지로 내부 환경개선(짐 정리), 도시락 배달, 어르신 나들이 동행이었는데 푸드뱅크 내 쌓여있던 적재물을 다른 봉사자들과 정리하고 옮기는 일을 하면서 봉사활동이 아니라 일용직 노동을 하는 것 같아 불만이 생겼지만, 도시락 배달과 어르신 나들이 동행을 하면서 그 마음이 바뀌었어요. 식사 해결이 어려운 독거 어르신에게 도시락 배달을 하면서 어르신의 어려운 상황을 알 수 있었고, 나들이 동행을 통해 기뻐하시는 어르신들을 보며 보람을 느낄 수 있었습니다. 특히 당시 나들이는 인천투어 버스를 타고 인천지역을 돌아보는 활동이었는데 당시 아파트와 각종 높은 건물들을 짓던 회색의 송도신도시는 구도심에서 열악한 거주환경 속에 방치된 어르신의 상황과 대비되어 비쳤어요. 길지 않은 봉사활동을 하면서 보람을 느꼈고, 그때 얻은 심리적 만족감(helper's high)의 여운이 계속 남아 사회복지라는 진로 영역에 관심을 두기 시작했습니다.

사회복지와 관련된 학과를 선택하시게 된 계기가 있었나요?

고등학교 때 경험한 자원봉사활동을 통해 사회복지 영역에 관심을 두긴 했지만, 그전까지만 해도 정치, 시사 등에 관심이 있었기 때문에 신문방송학과나 사범대 또는 교원대 사회교육과 진학을 고려했었죠. 진로를 고민하던 고2 여름방학 기간에 담임선생님이 가정방문을 했는데 진로 상담을 하던 담임선생님과 어머니 입에서 사회복지학과 이야기가 나오며 저의 진로는 급변했습니다. 저의 성향과 봉사 경험 등을 고려해서 어머니께서 사회복지학과의 전망과 정보를 담임선생님에게 여쭤봤고, 선생님께선 성적과 교우관계, 관심 영역 등을 고려하여 현실적으로 이야기해 주셨습니다. 이전부터 자원봉사활동을 통해 관심을 두기 시작하던 사회복지학과가 그날 이후 저의 확고한 진로가 되었고, 고2 여름부터 사회복지학과 진학을 목표로 공부했습니다.

진로 결정에 고등학교 때 담임선생님이 큰 역할을 하신 거네요

고등학교 2학년 때 담임선생님이 저의 진로 결정에 가장 많은 영향을 주신 분입니다. 담임선생님은 몇 가지 특이점이 있으셨어요. 국어 선생님이지만 정치·시사에 관심이 많아 수업 시간에 종종 시사 이슈를 공유해주셨습니다. 가끔 교내지시 사항이 불합리하다면 교장 선생님과도 싸우는 강단을 보여주셨고, 방학기간에는 논술 배우기를 원하는 친구들을 모아 별도의 시간을 내어 지도해주셨습니다. 결정적으로 개별 가정에 방문하여 진로 상담을 해주셨지요. 선생님, 어머니, 제가 함께 모여 이야기하면서 진로 결정을 했던 그 시기 덕분에 사회복지학과 진학이라는 목표가 구체적으로 생겼고, 목표에 따라 원하던 곳으로 진학할 수 있게 되었습니다.

대학 생활은 어떠셨나요?

대학 생활은 피곤함의 연속이었어요. 생활비 마련을 위해 다양한 아르바이트를 했죠. 치킨집, 편의점, 공장, 텔레마케팅 등등 다양한 아르바이트를 하다 보니 학교 성적은 솔직히 좋진 않았어요. 다만 동아리 활동 및 봉사활동 등 대외적으로 활발히 활동했었답니다. 동아리는 교내에 자리 잡은 두 곳의 동아리에서 활동했는데 둘 다 자원봉사 동아리였어요. 첫 번째는 '지역아동센터' 봉사동아리였는데 주 1회 체험활동 및 프로그램을 기획하여 아이들과 함께 활동했죠. 두 번째는 'NGO 단체 소속' 봉사동아리였는데 동아리에서 진행되는 여러 봉사활동 중 아동학대 예방 교육 대학생 팀의 팀장을 맡아 팀원들과 함께 어린이집, 초등학교 등으로 파견되어 인형극을 하며 아동학대 예방 교육을 진행했답니다. 그 외 초등학교 방학 프로그램 봉사활동, 학교폭력 예방 집단상담 봉사활동, 장애인마라톤 진행 봉사활동, 아동권리보장 캠페인 등 다양한 자원봉사활동으로 대학 생활의 빈자리를 채워나갔지요.

Question **대학 시절 봉사활동 중에서** 특별히 기억에 남는 일이 있으신지요?

동아리 활동으로 지역아동센터 봉사활동을 나갔던 때가 생각납니다. 당시에는 지역 아동센터라는 명칭을 쓰지 않고 '공부방'이란 이름을 썼는데 지역 내 맞벌이 부부나 한부모 가정 등 퇴근 시간까지 맡길 곳이 없던 가정의 아이들을 돌봐주던 곳으로 지역 시민단체의 회비와 후원금으로 운영되던 교육, 문화공간이었어요. 좁은 공간에서 아이들과의 첫 만남은 장소와 시간에 쫓겨 조금 친해지는 정도로 끝났는데, 첫 봉사활동 후 선배들과 다음 주에 진행될 봉사활동에 대한 논의 끝에 장애인의 날을 맞아 아이들의 장애체험을 기획하고 세부적으로 근처 공원에서 '시각장애인의 일상 속 불편함과 배려'를 주제로 활동하기로 했죠. 아이들의 안전을 고려해 저를 포함한 신입생들이 사전체험을 수행했고 수건으로 눈을 가리고 서로 손 잡으며 직접 공원을 돌아다녀 보는 사전체험을 통해 아이들보다 먼저 체험활동의 의미를 느낄 수 있었고, 실제로 체험활동을 진행할 때 아이들에게 의미를 잘 전달할 수 있었어요. 대학 입학 전까지는 혼자서 봉사활동을 했는데 대학 입학 후에는 봉사동아리에 소속되어 선배들과 함께 봉사활동을 했기 때문에 더욱 다양한 경험의 시작으로 특별히 기억에 남습니다.

Question 대학 시절 현재 직업에 도움이 될 만한 활동이 있었나요?

대학 시절 진행한 2번의 '사회복지 현장실습'이 사회복지사 업무에 대한 이해도를 높일 수 있었던 좋은 기회였어요. 저는 특이하게 2번의 실습을 모두 종합사회복지관에서 진행했었는데 사회복지사 자격증 발급을 위해선 의무적으로 사회복지 현장실습을 1회 이상 참여해야 했고, 학과 방침으로 2번의 실습을 의무적으로 실시해야 했습니다. 하지만 복지관 실습은 모두가 인정하는 어려운 실습으로 2번의 복지관 실습은 주변에서도 흔치 않은 경우였는데 제가 경험한 실습지는 각각 다른 유형의 종합사회복지관으로 첫 번째 기관은 일반 주거지역 내 위치했고, 두 번째 기관은 임대아파트 단지 내 있었어요. 첫 번째 현장실습을 통해서는 사회복지 현장에서 통용되는 사무 행정을 자세히 배웠고, 지역에 대한 이해 그리고 주민 중심의 활동, 유관기관 네트워크 등 업무역량을 키웠지만, 지역자원 탐색, 사업기획 등에서 개인적인 부족함을 느껴 다시 한번 종합사회복지관 실습을 고려했고, 첫 실습과는 다른 유형의 복지관을 찾아 지원했죠. 두 번째 실습 참여를 통해 첫 번째 실습 기관과는 다른 지역 특성을 파악하고 그것에 맞게 사업기획을 해봤습니다. 쉽지 않았던 두 번의 종합사회복지관 실습은 다양한 복지 현장에서 인정받아 졸업 전 채용합격을 할 수 있었답니다.

"거저 받았으니
거저 주어라"

▶ 대학생 시절 봉사동아리에서 시각장애인
기획 체험

▶ 대학생 시절 NGO단체 소속으로 어린이집, 초등학교 등에
파견되어 아동학대 예방 인형극 진행 모습

▶ 대학교 1학년 첫 봉사활동 후에

Question 현재 직업을 선택하시게 된 결정적인 이유가 궁금합니다.

고2 때부터 사회복지사라는 직업을 희망하여 진로 선택을 했지만, 본격적으로 사회에 진출하기 전 취업 고민이 많았어요. '사회복지사는 급여가 낮은 편이다'라는 주변인들의 인식이 있었고, 실제로 봉사활동과 실습을 진행하면서 간간이 들을 수 있었던 이야기는 업무강도가 높으며 급여는 낮다는 내용이었습니다. 거기다 그 시기에 저는 다양한 아르바이트 경험으로 인해 유통업에 관심을 두기 시작했던 때이기도 했고요. 많은 고민 끝에 전공으로 공부하고 경험한 사회복지 영역은 분명 자신 있었고, 저한테 적합한 취업 군이라는 생각과 '쉽게 사회복지를 포기하기엔 이르다'는 생각을 하게 되었고, '일단 해보고 후회하자'라는 평소의 선택기준이 반영되어서 마지막 학기 때부터는 취업 지원을 시도하고 노력한 결과 그동안의 노력을 인정받아 사회복지사로 채용될 수 있었습니다.

Question 현재하시고 계신 일에 대한 설명을 부탁드립니다.

제가 일하고 있는 '창영종합사회복지관'은 인천 동구에 있으며, 인천의 대표적인 구도심 속 지역사회복지관입니다. "거저 받았으니 거저 주어라"라는 이념으로 지역주민을 섬기고 있으며, 어르신들의 결식예방을 위한 '무료급식'이 대표적인 사업으로 그 외 지역사회복지관 3대 기능에 맞는 서비스 제공, 지역 조직화, 사례관리 기능에 맞게 다양한 사업과 활동들을 이어나가고 있습니다. 현재 맡은 업무는 사례관리 팀장으로 일상생활에서의 위기와 어려움으로 도움이 필요한 이웃에게 지역사회 복지서비스 및 자원을 안내·제공하여 발생한 위기와 어려움을 해결하도록 돕는 역할을 하고 있습니다.

Question 사회복지사가 된 후 첫 업무는 무엇이었나요?

사회복지사가 된 후 첫 업무는 재가복지 담당으로 여러 가지 도움이 필요한 지역주민의 집에 방문해 필요한 서비스를 제공하고, 도움을 주는 업무였어요. 주로 결식 예방을 위한 식사 제공 업무를 진행했고, 정서 지원이 필요한 분들에게는 방문 상담도 진행하며 도움을 드렸답니다. 직접적인 서비스 제공이 주 업무였기 때문에 혜택을 받은 지역주민들의 감사 표현도 직접 확인하며 일할 수 있었지요.

Question 종합사회복지관의 근무환경은 어떤가요?

현재 근무하고 있는 직장의 근무환경은 좋은 편에 속합니다. 특히 눈치 볼 필요 없이 정시 퇴근 할 수 있다는 점과 아침, 점심, 저녁, 토요 당직과 같은 당직 문화가 없다는 점, 그리고 법인을 통해 여름 휴가비가 지급된다는 점 등은 다른 시설 및 기관과 차별화된 장점이라고 생각해요. 그리고 호봉체계를 가지고 있어 해가 바뀔 때마다 작지만 조금씩 급여가 상승합니다. 인천광역시는 현재 서울, 경기도와 비교해 사회복지사의 급여 및 복리후생에 부족함이 있어서 서울과 경기도로 인재들이 유출된다는 평가가 있었지만, 사회복지사협회를 중심으로 "인천 사회복지종사자 권익증진 및 지위 향상을 위한 특별위원회"를 구성하여 종사자 처우개선을 위해 노력하고 있어 근로 여건은 좀 더 좋아질 전망입니다.

Question **종합사회복지관이 다른 복지시설 근무자와** 다른 장점이 있나요?

인구학적으로 다양한 분들을 만날 수 있다는 점입니다. 아동부터 시작해 노인 그리고 장애인까지 만날 수 있다는 점은 사회복지사로서 성장의 기회가 많다고 생각합니다. 그리고 분야별로 지역사회에서 특정 서비스를 제공하는 다른 사회복지시설과 업무적 공감이 쉬운 편입니다. 또 하나는 업무추진의 다양성입니다. 특정 연령층이나 대상을 구분하지 않기 때문에 사업 확장성이 무한합니다. 그 때문에 사회복지사로서 추구하는 바가 있고 관심 분야가 있다면 그에 맞춰 사업추진이 가능합니다. 그리고 삶의 간접경험 또한 장점이라고 생각합니다. 도움이 필요한 분들의 자립과 자활을 위해 다양한 전문적 서비스를 연계하고 지원하면서 사회복지사 본인 또한 전문적 지식을 습득하고 주거, 금융, 의료 등등 평소에 경험하기 힘든 타인의 삶을 간접경험하고 이해할 수 있습니다.

Question **사회복지사가 되고 나서** 새롭게 알게 된 점은?

공공과 민간영역의 구분이 생각보다 모호하다는 것이지요. 특히 국가에서 지원하는 보조금을 받아 운영되는 민간사회복지기관들은 국민의 세금을 받아 운영되기 때문에 관할 지자체의 지도 및 점검을 받습니다. 그렇기 때문에 공공영역의 개입이 있으며, 민간사회복지기관은 사실상 관할 지자체의 눈치를 볼 수밖에 없어요. 학교에서 배울 때는 이 두 영역이 구분되며 상호보완적으로 표현되는데 막상 현장에서 경험한 공공과 민간영역은 보조금이라는 자본의 논리로 묶여 사실상 그 구분이 흐릿해졌다고 생각합니다.

지금까지 했던 업무 프로젝트 중에서 가장 기억에 남는 것은 무엇인가요?

지역에서 활동하시는 주민 리더 분들의 역량을 높이고, 지역에서 모르고 지나칠 수 있는 복지 사각지대에 위치한 주민들을 발굴하는 활동을 했던 프로젝트가 가장 기억에 남습니다. '동 지역사회보장협의체'라는 지역 내 복지 문제를 해결하기 위한 운영체계가 본격적으로 구성되고, 지역사회 공동체 기능 회복을 위한 준비가 필요하던 시점에 복지관을 거점으로 복지공동체 사업을 진행하였습니다. '동 지역사회보장협의체' 위원님들을 대상으로 주민 리더 교육을 하고 사각지대 발굴 활동을 함께 기획하고 진행했습니다. 관할 지자체와 함께 고민하고 노력해 진행한 해당 프로젝트를 4년간 진행하면서, 초기 4개 동 시범사업을 거쳐 전체 11개 동으로 본격 확대되었습니다. 프로젝트 초기에는 시범 참여 동 위원님들에게 "교육이 너무 많다, 너무 자주 모이는 것 아니냐?" 등과 같이 많은 항의를 받았습니다. 그리고 해당 프로젝트는 복지관을 지역 전문가로 판단해 지자체에서 협조를 요청한 사업임에도 복지관 자체 사업으로 오인하여 시범 참여 동 담당 공무원에 항의와 무시 등을 받기도 했습니다. 그렇게 현장에서 힘들게 4년간 노력한 결과 각 동의 지역사회보장협의체는 지역 내 복지 문제해결을 위한 조직체로 그 기능과 역할을 성실히 수행하고 있으며, 다른 지역과 선의의 경쟁을 하는 등 지역 내 긍정적인 활동을 이어나가고 있어 사회복지사로 일하며 경험한 가장 힘든, 그리고 가장 보람을 느낀 프로젝트였습니다.

▶ 사회복지 실습생을 대상으로 실습교육 진행

▶ 지역사회보장협의체 위원들을 대상으로 복지사각지대 발굴
특화활동 평가회 진행 모습

▶ 연합사업으로 초등학교 학생들을 대상으로 전통놀이 체험부스 운영 장면

Question 사회복지사로서 가장 중요하게 생각하는 직업 철학은 무엇인가요?

"동행"입니다. 지역 내에서 도움이 필요한 분들을 전문적으로 돕는 역할을 하지만 기본적으로 삶의 주인은 지역주민 본인이고, 어려움을 극복할 수 있는 역량 또한 지역주민 본인에게 있다고 생각합니다. 그렇기 때문에 사회복지사는 구제의 손길을 내미는 것이 아니라 같이 배우고, 같이 노력하며, 같이 성장하는 동행자의 역할이 중요하다고 생각합니다. 전문가로서 우월적 위치가 아닌 평등한 관계로 당사자를 바라봐야 건강하게 문제해결이 가능하리라 생각합니다.

Question 스트레스를 해소하기 위한 취미활동이 있으신가요?

홈트레이닝으로 건강관리를 하고, 음악을 듣거나 만화책과 유튜브를 보는 시청각으로 스트레스를 해소합니다. 유튜브는 주로 쿠킹 방송이나 먹방을 보며 대리만족을 하는데, 가끔 유튜브 시청을 통해 배운 요리를 집에서 해보기도 합니다.

Question 앞으로 삶의 목표는 무엇인가요?

그동안 사회복지사로 현장에 근무하면서 정치, 사회에 관심을 두고 사회복지 정책은 어떻게 변화하는지 살펴보았습니다. 나름대로 사회복지에 대한 소신과 개념을 제대로 이해해가면서 사회복지 정책 전문가가 되고 싶다는 목표가 생겼어요. 현장 사회복지사로 일하면서 조금씩 사회복지 정책에 관심을 두고 사회복지 정책발전에 기여하고 싶습니다.

Question

목표를 실천하기 위해서 하고 계신 자기계발이나 활동에 대해서 알고 싶습니다.

　사회복지 현장의 최전선에서 일하는 사회복지사이기 때문에 정책적 오류나 미흡한 점, 그리고 아쉬운 점 등을 현실적으로 판단할 수밖에 없습니다. 자연스럽게 사회복지 정책에 불만도 생기고, '나라면 어떻게 할까?'라는 생각을 가지게 됩니다. 더는 정치의 부산물과 포퓰리즘으로 사회복지 정책을 받아들이기보단 일선 현장에서 느끼는 실제적 내용을 바탕으로 정책이 결정되길 희망합니다. 때문에 '사회복지 정책전문가가 되고 싶다.'는 목표가 생겼고, 정책전문가를 위한 노력을 조금씩 하고 있습니다.

　2020년에 인천복지재단에서 진행한 '사회복지 정책전문가 아카데미'에 참여해 정책 제안을 위한 의견수렴부터 조례재정, 예산, 집행까지 과정을 각 분야 전문가에게 교육받았습니다. 2021년부터는 직접 정책을 발굴하고 제안해보는 작은 단위의 활동부터 시작해보고 싶어 '미추홀구 제3기 청년 정책 네트워크'에 지원하여 위원으로 선정되었고, 위촉되어 현재 활동 중입니다. 현장 사회복지사로 일하며 조금씩 사회복지 정책에 관심을 두고 사회복지 정책발전에 기여하고 싶습니다. 그리고 기회가 되면 정책 관련 대학원에 진학해서 사회복지 정책발전을 위한 기반을 다질 생각입니다.

Question

직업으로서 사회복지사의 매력은 무엇인가요?

　사회적인 시선으로 바라보면 사회복지사는 매력적이지 않습니다. 아직도 사회복지사를 무급으로 일하는 사람으로 아시는 분들이 많고, 전문가로 인식하기보단 봉사자로 생각하시는 분들이 많습니다. 돈을 많이 받는 직업군이 아니며, 사람을 많이 만나야 하기 때문에 스트레스에 노출되고, 행정업무 또한 만만치 않습니다. 그렇기 때문에 지인이나 가족에게 사회복지사라는 직업을 추천하고 싶진 않습니다. 하지만 사회적으로 점점 늘어가는 사회복지 관심만큼 조금씩 사회복지사에 대한 인식 또한 바뀌고 있어 미래가치가 충분하고, 다양한 사람과 교류하며 성장하고 싶고, 위기 현장에서 도움이 필요한 이웃에게 이바지하고 싶다는 봉사 정신이 투철하신 분들에겐 매력적인 직업임에는 분명합니다.

마지막으로 청소년들에게 해주고 싶은 말씀을 부탁드립니다.

저는 복지관에서 자신을 스스로 '사회복지사를 꿈꾸는 이들의 꿈과 희망을 밟는 사회복지사'로 소개합니다. 복지관에서 현장을 경험하는 실습생부터 사회복지학과 재학 중인 봉사자, 그리고 사회복지학과 진학을 희망하는 청소년에게 하는 시그니처 질문은 "사회복지사 할 거야?"입니다. 대부분 그런 질문을 받은 이들은 사회복지사를 하겠다고 이야기합니다. 그래서 돈, 사회적 인식, 일과 삶의 균형을 완벽하게 보장하는 직업 등과 사회복지사라는 직업은 분명 간극이 있다고 이야기해줍니다. 직업을 선택하면서 현실을 바로 아는 것이 중요하다고 생각하기 때문에 저는 스스로 악역을 맡고 있습니다. 저는 막연하고 무책임하게 사회복지사를 추천하지 않습니다. 그리고 봉사와 헌신만 강요하는 사회복지사가 되고 싶지 않습니다. 사회복지사라는 직업만이 고결하며 성스러운 직업은 아닙니다. 저는 세상에 존재하는 대부분의 직업이 누군가에게 도움이 되는 직업이고, 사회를 구성하는 하나의 톱니바퀴로서 그 역할을 다한다고 생각합니다. 사회복지사는 사회를 구성하는 작은 톱니바퀴일 뿐입니다. 여러분들은 직업을 선택하기 전에 자신이 가진 내면의 가치가 그 직업에 부합하고 잘 어울리는지? 고민하셔야 합니다. 적어도 저는 자원봉사를 통해 '도움의 기쁨'을 경험해봤고, 그 경험을 바탕으로 많은 고민 끝에 사회복지사의 길을 결정했습니다. 정말 사회복지사를 꿈꾸고 계신다면 자원봉사 경험을 추천합니다. 도움이 필요한 곳에서 쓰임 받으며 현장을 경험하시길 추천합니다. 그리고 자원봉사 경험을 토대로 충분히 고민 후 결정하시길 바랍니다. 충분히 고민하지 않고 사회복지사의 길을 걷는 것은 선배로서 많이 우려된다는 것을 꼭 알려주고 싶습니다.

다양한 이력과 경험으로 현장에서 열정적으로 사회복지를 실천하는 사회복지사다. 현재 서울에서 드림홈 방문요양센터를 설립해 센터장으로 근무하고 있다. 대학 시절 사회복지를 복수로 전공해 사회복지의 길을 가게 되었고, 장애인기관에서 실습했다. 졸업 후 노인복지관에서 첫 사회복지 업무를 시작으로 이스라엘 키부츠에 인턴으로 파견되어 발룬티어(자원봉사자) 활동을 했으며, 귀국 후 사단법인 새 빛(시각장애인 단체)에서 해외사업부 직원으로 근무했다. (사)새 빛에서 근무 중 행정안전부 지원으로 개발도상국의 시각장애인들에게 직업 재활 훈련을 지원하기 위해 네팔과 스리랑카에 3개월씩 파견되어 시각장애인 안마 교육 프로젝트를 담당하였다. 그 후 열매 나눔인터내셔널(NGO단체)에서 2년간 실무를 하고 호주로 유학을 떠나 Aged care(노인복지) 학업과 일을 병행하다 귀국해 방문요양센터를 설립·운영하고 있는 열정적인 사회복지사이다.

방문요양센터 센터장
형광우 사회복지사

현) 드림홈 방문요양센터 센터장
- 호주 Aged care(실무/학업)
- (사) 열매나눔인터내셔널(NGO 단체) 해외사업부 근무
- (사) 새 빛(시각장애인 기관) 법인사무국 근무
- 이스라엘 키부츠 인턴 및 자원봉사 활동
- 시립 노원노인복지관 고령자 취업센터 근무
- 경희대 공공대학원 글로벌 거버넌스학과 휴학
- 한국성서대학교 사회복지학 복수전공 학사

사회복지사의 스케줄

형광우
사회복지사의
하루

08:00 ~ 09:00
▸기상 및 출근

09:00 ~ 10:00
▸요양보호사 출퇴근 확인
및 업무 준비

10:00 ~ 11:00
▸취업센터 요양보호사 구
인요청 및 노인 장기요양
등급 신청자 검토

12:00 ~ 13:00
▸점심 식사

14:00 ~ 16:00
▸어르신 댁 방문하여
등급 신청
▸요양보호사 면접
▸상담

16:00 ~ 18:00
▸요양보호사 일정변경
▸복지 용구 신청 및 확인

18:00 ~
▸퇴근 후 휴식

소외받지 않는
세상을 위해

▶ 어린 시절

▶ 중학교 졸업사진

▶ 대학생때 영어말하기 대회 수상후

Question **어린 시절** 어떠한 성격이었나요?

내성적인 성격이었어요. 초등학교 때는 친구들과 몰려다니며 모험가 흉내를 내기도 했지만, 중학생이 되면서 조용하고 차분한 아이였어요. 기독교 집안에서 자라 어릴 때부터 다른 사람에게 먼저 양보하고 어른들에게 친절하고 예의 바르게 행동해야 한다고 배웠습니다. 매주 많은 어른을 만날 수 있었던 환경이었고 어릴 때는 어른들께서 많이 예뻐해 주시기도 하고 칭찬을 많이 해주셨지요. 점잖고 조용한 성격이었고 다른 사람에게 해가 되는 행동을 하면 안 된다고 배웠어요. 제가 조금 손해를 보더라도 참고 남을 먼저 배려하고 챙겨야 하는 환경에서 자랐습니다. 그래서 제 자신이 원하는 것을 주장하기보다는 남들이 원하는 것이 있다면 그렇게 하자고 하는 성격이 있습니다. 지금도 그런 면이 있고요.

Question **어린 시절 특별히** 좋아했던 과목이나 장래 희망이 있으셨나요?

초등학생 때는 수학과 영어, 과학을 좋아했어요. 아주 어릴 때는 아무것도 모르고 그냥 과학자가 되고 싶었고, 만드는 것을 좋아해서 기술자가 되고 싶었어요. 집에서 원하는 직업도 따로 있었지만 그건 하고 싶지 않았습니다. 하늘을 나는 전투기를 보고 비행기 조종사가 되어도 멋지겠다는 생각도 해보았네요.

Question 중·고등학교 시절 학교생활에 대해서 알고 싶어요.

　중고등학교 시절에는 평범한 아이였어요. 특별히 튀거나 모나지 않고 친구들과 두루 두루 어울리고 성적도 중간 정도 하는 그런 조용한 친구 있잖아요. 성격이 평화주의자 같은 성격이라 대부분의 친구들과 친하고 적을 만들지 않는 타입이었죠. 중학교 때는 봉사활동 시간을 채우기 위해 학교 인근 복지관을 통해서 혼자 살거나 식사가 필요한 어르신들께 도시락을 전달해드리는 도시락 배달 봉사활동을 했어요. 동아리 활동은 고등학교 때 '한별단'이라는 동아리 활동을 하면서 여름에는 농촌 봉사활동에 참여해서 잡초도 뽑고 고추도 따고 하는 힘든 농사일을 도왔던 기억이 나네요.

Question 학창 시절 교내·외 활동 중에서 특별히 기억에 남는 일이 있으신지요?

　중학교 1학년 때 조용하고 차분한 저를 보고 선생님께서 반장을 시켜주셨어요. 1학기 때는 반 친구들이 모두 잘 지내고 친하게 지냈죠. 그런데 2학기가 되자 몇몇 아이들이 무리를 지어 친구 한 명을 왕따 시키는 일이 있었어요. 저에게도 왕따 시키려는 학생과 친하게 지내면 자기들과도 어울릴 수 없을 거라고 말을 했을 때는 좀 충격을 받았었죠. 재밌게 잘 지내던 친구들이 갑자기 왜 그럴까? 나는 다 같이 잘 지내는 것이 좋은데 왜 이렇게 편을 가르는지 이해가 되지 않았고, 어떻게 해야 할지 난감했었죠. 그때부터 어디를 가든 소외되는 사람 없이 모두가 잘 지내면 좋겠다는 생각을 많이 했어요.

중·고등학교 시절 진로에 도움이 될 만한 활동이 있었나요?

복지관에서 하는 컴퓨터 교육에 참여한 적이 있었어요. 그때 처음 복지관이라는 곳이 있는 줄 알았고 재미있게 컴퓨터를 배우고 건물 입구로 나오면 햇살이 비치며 노을이 지었던 순간이 어렴풋이 기억이 나네요, 도시락 배달 봉사활동을 하면서 만났던 선생님도 지금 생각해보면 사회복지사 선생님이셨겠네요. 그때는 그런 직업이 있는지도 잘 몰랐지만요.

Question 대학 생활은 어떠셨나요?

대학교 1학년 때는 마음 맞는 친구들을 만나 동아리 활동도 열심히 하고 학교생활을 재미있게 보냈어요. 동아리 친구들과 함께 교내에서 주최한 영어연극 대회에 나가서 최우수상인 1등도 하고, 친구들과 함께 여행도 자주 다녔어요. 친한 친구들이 군대에 가기 전인 1학년 때까지는 '보육원' 동아리 활동이 정말 재미있었고 저의 대학 생활에 아주 많은 부분을 차지했답니다.

사회복지학을 복수전공 하게 된 계기는 무엇이었나요?

대학교 때 '보육원'이라는 봉사활동 동아리에 들어갔어요. 보육원이라는 용어는 옛날 '고아원' 같은 시설이 보육원이라는 명칭으로 바뀐 것인데, 저희는 매주 학교 동아리 활동 시간에 봉사활동을 나갔었죠. 노인복지관에 가서 어르신들께 카네이션도 직접 달아드리고, 사진도 찍어드리고, 아이들이랑 축구와 농구 같은 체육활동도 하곤 했지요. 여름방학에는 충남 서산에 가서 그곳 아이들을 위한 프로그램도 하고, 겨울방학에는 대전의 한 보육원에 방문하여 2박 3일짜리 캠프를 진행하기도 했어요. 여름, 겨울방학 봉사활동은 두 달 전부터 준비하는 우리 동아리의 매우 크고 중요한 행사였는데, 저는 사회복지학과가 아니었지만, 동아리 친구들과 자주 어울리다 보니 자연스럽게 봉사활동을 많이 하게 되었고, 사회복지학과 친구들과도 친하게 지내다 보니 사회복지학을 복수로 전공하기로 마음을 먹었고 그렇게 복수전공을 하게 되었어요.

학창 시절 현재 직업에 도움이 될 만한 활동이 있었나요?

생각해보니 많이 있었네요, 농촌 봉사활동도 시골에 계신 어른들이나 노인들을 돕는 활동이었고, 도시락 배달도 혼자 사시는 독거 어르신들께 도시락을 가져다드리는 일이었고, 대학생 때 봉사동아리를 통해서 했던 봉사활동들은 직접적으로 큰 영향을 미쳤던 것 같아요.

▶ 네팔 UN사무소

다양한 경험이
'나의 자산'

▶ 네팔 코이카 사무소

▶ 아프리카 말라위 출장

Question 사회복지사가 되기 위해 어떤 준비를 해야 할까요?

전문대나 4년제 대학교의 사회복지학과에 진학해야 합니다. 또는 사이버대학교 혹은 학점은행제로 사회복지 과정이 가능한 것으로 알고 있습니다. 기간은 조금씩 다르겠지만 다른 전공으로 이미 대학교를 졸업하신 분들도 사이버대학교로 편입이나 학점은행제 자격증 과정을 통해 사회복지사 자격증을 취득할 수 있습니다.

Question 사회복지사가 된 후 첫 업무는 무엇이었나요?

첫 직장은 노인복지관 고령자 취업센터에서 시작했어요. 4학년 졸업반 때 인턴부터 시작하여 직원으로 일하게 되었죠. 60세 이상 되신 은퇴하신 어르신들께 일자리를 찾아드리는 일이었어요. 남자 분들은 주로 건물관리원, 아파트 경비원, 어린이집 운전원, 치과 보철물 배달원, 여자 어르신들은 주로 청소원, 육아도우미 쪽으로 취업을 많이 시켜드렸어요. 일자리가 필요한 분들에게 일자리를 찾아드리면서 바로바로 결과가 나오니까 좋았고, 보람도 많이 느꼈어요. 구인 업체를 개발하느라 주민센터마다 방문해서 홍보 물품을 드리고 경비실이나, 아파트에 방문하여 실제 취업하신 분들의 인터뷰도 했습니다. 건물주가 까다로운 사람이라 힘들어하는 분도 계셨고 아파트 계단의 신주 닦기가 많이 힘들다고 하셨던 것이 기억나네요.

시각장애인 단체에서도 근무하셨다고요?

사단법인 '새 빛' 이라는 시각장애인 단체였어요. 제가 이스라엘 키부츠에 자원봉사자로 6개월간 해외 활동을 하고 왔던 것이 도움이 되어 해외사업팀 직원으로 일을 하게 되었어요. 담당 업무는 그 당시 행정안전부 지원으로 네팔과 스리랑카에 방문하여 그곳에 있는 시각장애인들에게 3개월 동안 직업 재활의 일원으로 안마기술을 교육하는 프로젝트였어요. 강사님이 시각장애 1급 남자 선생님이었기 때문에 동행하여 선생님을 도와드리고 각종 행정업무 및 지부장님과 함께 해외지부 프로젝트를 총괄하는 일이었어요. 처음에는 여행도 좋아하고 해외에 나가는 것을 좋아해서 기대했는데, 막상 나가보니 3개월 동안 시각장애인 선생님을 도우며 함께 지내야 하고 1년에 2번이나 3개월씩 해외에 나가 있기가 쉽지 않았어요. 그때는 첫 조카가 태어난 것도 네팔에서 소식을 들었네요.

NGO 단체에 들어가서는 어떤 활동을 하신 건가요?

'새 빛' 시각장애인 단체에서의 해외 지원 활동이 경험이 되어 '열매 나눔인터내셔널' NGO 단체에 들어가 해외사업팀에서 일하게 되었습니다. 열매 나눔인터내셔널은 아프리카 말라위, 르완다 그리고 베트남에 해외사업을 하고 있었고 저는 르완다의 농업 유통 및 농업기술 교육 사업과 베트남 마이크로 크레딧이라는 소액신용대출 사업을 담당하고 지원하는 일을 하였습니다. 열매 나눔인터내셔널은 실속 있고 알찬 사업들을 하는 곳이라 꼼꼼하신 선임 과장님으로부터 참 많은 것을 배웠습니다.

Question 일과 학업을 병행하신 것 같던데 호주에서의 유학 생활은 어떠셨나요?

호주에 가서 Aged care 과정도 공부하고 Aged carer로 일을 했습니다. Aged carer 는 한국으로 치면 요양보호사와 비슷한 일을 하는 노인 돌봄 종사자입니다. 한인들을 대 상으로 주로 일을 했던 아쉬움은 있었지만 호주의 Aged care 센터가 하는 일과 요양보 호사들이 하는 일이 어떤 것인지 직접 경험할 수 있는 좋은 시간이었습니다.

Question 현재 방문요양센터의 센터장이 된 과정이 궁금합니다.

호주에서 돌아와 한 달 정도 머무르며 가족과 지인들을 보고 다시 호주로 갈 준비를 하고 있었습니다. 그런데 아버지께서 사회복지사로 일을 하셨던 곳이 방문요양센터였어 요. 그래서 방문요양센터라는 것이 있다는 것을 알게 되었고 시간이 있을 때 무슨 일을 하는 곳인지 어떻게 설치를 할 수 있는지 방법만 알아보려고 했습니다. 그래서 구청 담 당자도 만나보고 필요 서류를 알아보았죠. 그때 호주에서 만났던 동생이 함께 해보자고 제안을 했고 코로나 여파 등으로 결국 한국에 있기로 선택 후 추진력이 빠른 그 동생과 함께 방문요양센터를 시작하게 되었습니다.

가장 중요하게 생각하는 사회복지의 철학이 있으신지요?

사회복지는 돈만 바라보고 할 수 있는 일은 아닙니다. 흔히들 사회복지사의 월급이 박봉이라고 이야기하지요. 경제적인 안정이나 수입을 바란다면 다른 많은 직종이 있으며, 대상자(아동, 청소년, 노인, 장애인, 여성 등)들에 대한 그들을 돕고자 하는 이타심이 있어야 한다고 생각합니다. 남을 돕는 것을 좋아한다면 봉사활동도 있습니다. 하지만 직업이 된다면 이야기가 달라 질 수 있겠죠. 사회복지학과 교수님께서 하셨던 말씀이 생각나네요. "누구나 할 수 있지만 아무나 할 수 있는 일은 아닙니다."

고민과 방황의
끝은 '자기 성장'

▶ 센터에서 행정업무 중에

▶ 어르신 방문 중에

▶ 근무 중에 한컷~

현재 하시고 계신 일에 대한 설명을 부탁드립니다.

서울 노원구 상계동에서 드림홈 방문요양센터를 설립해 센터장으로 근무하고 있습니다. 방문요양센터는 2008년 노인장기요양법 도입 후 시작된 기관으로 65세 이상 혹은 65세 미만 노인성 질환 (치매, 파킨슨 병 등)을 앓고 계신 분들 중 노인 장기 요양등급 판정을 받으신 어르신들을 대상으로 돌봄 종사자인 방문 요양보호사들을 파견하고 관리하는 재가복지센터입니다. 요양보호사님들은 독거 또는 보호자와 함께 살고 계신 어르신 댁에 방문하여 식사 지원, 가사 지원, 정서 지원, 산책, 병원 방문 등의 외출을 도와드리는 일을 하고 있습니다. 사회복지사의 업무는 도움이 필요한 어르신을 만나고 방문하는 일입니다. 혼자 살고 있어 요양보호사의 도움이 필요한 분들, 혹은 보호자분들께서 연락을 주셔서 부모님 댁에 방문해 달라는 요청을 받으면, 그분들을 상담하여 노인 장기 요양 등급을 신청해드리고, 등급이 나오면 요양보호사 선생님들을 보내드리는 일입니다.

Question **방문요양센터 사회복지사의** 근로 여건은 어떤가요?

건강보험공단과 어르신 댁에 방문하는 일이 많습니다. 그리고 욕구 평가기록지, 낙상 예방기록지, 욕창 평가 기록지, 인지검사지, 급여 제공 기록지 등 작성 및 관리해야 하는 서류들도 많고요. 업무는 종합사회복지관이나 노인복지관에서 하는 일보다는 적은 편입니다. 연봉은 방문요양센터 사회복지사로 입사를 하시면 최저임금이나 그보다 조금 더 많은 금액을 받게 되실 겁니다. 기관에 따라 다르지만 식비와 교통비를 지원해주는 곳들도 있고요. 향후 전망은 실버산업이 확장되고 있는 편이어서 괜찮습니다. 요즘 저출산 고령화 시대로 인해 유치원이나 어린이집이 많이 문을 닫고 방문요양센터나 요양원, 요양병원 등의 노인복지시설이 증가하고 있는 추세입니다. 또한 코로나 여파로 생활시설 보다는 방문 요양을 비교적 안전하게 생각하시는 분들도 있고요.

Question 사회복지사가 되고 나서 새롭게 알게 된 점은?

혼자 살거나 도움이 필요하신 어르신들도 많고, 자녀분들이 마음은 직접 부모님을 돌보고 싶지만, 상황과 형편 때문에 잘 돌보지 못하는 분들이 많이 계신다는 것을 알게 되었습니다.

Question 사회복지사에 대한 오해와 진실이 있다면 무엇인가요?

'사회복지사는 좋은 일을 하는 사람인가요?' 네. 좋은 일을 하는 사람은 맞습니다. 하지만 사회복지사는 무급의 자선 사업가들이 아니며 경제적 활동으로 돈을 받고 하는 직업이기 때문에 금전적인 부분도 중요하다고 생각합니다.

Question 스트레스를 해소하기 위한 취미활동이 있으신지요?

취미활동으로는 운동을 좋아합니다. 친구들과 함께 등산을 가서 좋은 경치를 구경하기도 하고, 집 근처에 있는 헬스장에 등록해서 운동을 조금씩 배우다 보면 몸도 건강해지고 스트레스도 해소되는 좋은 점이 있습니다.

일하면서 가장 보람을 느낄 때는 언제인가요?

지금 일하는 방문요양센터에서는 수술 혹은 병원에서 퇴원 후 제대로 걷지도 못하던 어르신들을 성실하고 열정 있는 요양보호사 선생님들께서 재가 방문해서 어르신들의 다리도 주물러 드리고 식사도 잘 챙겨드리고 하는데 하루가 다르게 어르신들의 걸음걸이가 점점 더 좋아지고 건강 상태가 회복되는 모습을 보면 큰 보람을 느낍니다. 보호자님들께서도 무척 고마워하시고요.

Question 방문요양센터 업무를 하면서 기억에 남는 일이 있었나요?

어머니와 따님 단둘이 지내는 가정이었는데 따님이 식당 일을 하러 가면 어머니를 돌봐줄 분이 아무도 없으셨어요. 저희가 방문해서 노인 장기 요양등급 판정을 받을 수 있게 해드렸고, 따님께서 어머님을 돌보시는 가족 요양을 하시다가 따님이 일하는 낮 시간 동안에는 집 근처 재활 프로그램이 있는 주간보호센터를 연결해드렸어요. 주간보호센터에서 재활 운동도 하시고, 친구분도 많이 사귀시면서 어머니의 몸과 마음이 건강해지시고 밝아지는 모습을 보면서 큰 보람을 느꼈던 일이 생각납니다. 또 멀리 있는 복지관에 가서 힘들게 직접 도시락을 받아오는 혼자 사시는 어르신이 계셨는데 저희가 근처 복지관에 연락해서 가까운 곳에서 도시락 배달이 이루어질 수 있도록 했는데요. 사람과 사람, 자원과 사람을 연결해주는 연결가로서의 사회복지사 역할을 충실히 한 것 같아 정말 기뻤습니다.

Question 앞으로 삶의 목표는 무엇인가요?

현재하고 있는 사회사업을 잘 운영하고 키워서 더 많은 어르신을 돕고 싶어요. 또 제가 여행을 좋아하는데 여행할 때 만났던 친구들의 나라를 방문해서 그 친구들의 변화된 모습과 방문기를 책과 영상으로 만들고 싶고, 국내 또는 해외 대학원이나 학교에서 노인복지와 실무를 더 공부하고 싶기도 합니다.

Question 목표를 실천하기 위해서 현재 하고 계신 자기 계발이나 활동에 대해서 알고 싶습니다.

우리 센터의 블로그 운영을 꾸준히 하고 있어요. 초창기부터 운영한 블로그를 통해 사업에 많은 도움이 되고 있고 블로그로 마케팅하는 방법을 계속 고민하며 조금씩 공부하고 있습니다. 또한 블로그 글쓰기를 통해 글 쓰는 연습을 계속하고 있고 자기 계발 서적이나 경제 혹은 금융 관련 서적도 읽고 있습니다. 국제개발 협력 분야에서 일할 때 경희대 공공대학원을 다니다 휴학을 했는데 기회가 된다면 노인복지나 사회복지 분야로 좀 더 심도 있는 공부도 하고 싶습니다.

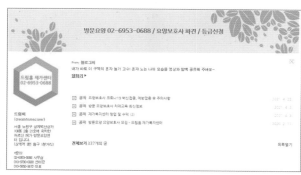

▶ 드림홈 블로그 대문
(https://blog.naver.com/dreamhomecarer)

직업으로서 사회복지사의 매력은 무엇인가요?

사회복지사의 매력은 좋은 일을 하면서 돈을 벌 수 있다는 것입니다. 도움이 필요한 어르신, 아동, 장애인 등을 도우며 직업적으로 경제활동을 할 수 있습니다. 물론 사람을 상대하고 도움이 필요한 사람들을 상대하기 때문에 육체적, 정신적으로 힘들고 스트레스도 받긴 하지만 사람에게 받은 스트레스를 사람을 통해 보람을 느끼고 해소한다고 생각해요.

지인 혹은 가족들에게 사회복지사라는 직업에 대하여 추천 의사가 있으신지요?

다른 사람을 돕는 것을 좋아하고 그런 활동들을 업(業)으로 삼아 경제활동을 하고 싶거나 자원과 사람, 사람과 사람을 연결해주는 역할을 좋아하고 즐길 수 있다면 사회복지사를 추천합니다.

청소년 시기에 저도 참 많이 방황했어요. 아무도 내 마음을 몰라주고 내 속마음을 털어 놓을 곳이 없다고 생각했고, 도대체 나는 이 세상에 왜 태어났으며 앞으로 무엇을 해야 할지 많이 막막하고 고민했던 시기였습니다. 하지만 그 당시 저에게는 저를 격려해주고 걱정해주는 사랑하는 가족들이 있었고 친구들과 주변 사람들이 있었어요. 그 부분에 참 감사하고 그러한 고민과 방황의 과정을 통해서 성장했다고 생각해요. 그 이후로 조금씩 관심 있고 하고 싶은 것들을 찾아 하기 시작했지요. 영어 공부도 해보고, 외국인에게 말도 걸어보고, 학교 영어 대회에도 참가해보고, 여행도 많이 다녔어요. 덕분에 국내외로 다양한 경험을 해 볼 수 있었죠. 참 감사한 일이지요. 청소년 여러분 혼자라고 생각될 때 주위를 둘러보세요. 여러분은 결코 혼자가 아닙니다. PC방에서 하는 게임과 친구들과 어울려 노는 것도 좋지만 자신이 좋아하고 관심 있는 분야를 꾸준히 또 열심히 해보세요. 그런 것들이 여러분의 적성과 흥미와 꿈을 찾아줄지도 모릅니다. 여행과 아르바이트 등 다양한 경험들이 모여 여러분의 인생을 다채롭고 풍요롭게 만들어 줄 거라고 생각해요. 스티브 잡스가 한 말이 생각나네요. "Connecting the dots." 여러분의 고민, 방황, 질풍노도의 시기뿐만 아니라 여행, 아르바이트, 동아리 활동 등의 다양한 경험의 점들이 연결되어 여러분의 아름다운 인생을 만들어 줄 것이라 확신합니다. 항상 건강하고 행복하세요. 여러분의 멋진 앞날을 진심으로 응원합니다!

중학교 때 가정환경의 큰 변화로 충격을 받아 갑자기 틱 장애가 생겼으나 고등학교 시절 즐거운 학교생활을 통해 틱 장애 증상을 극복하게 되었다. 틱 장애와 자원봉사활동 등 많은 경험들이 쌓여 사회복지사라는 꿈을 꾸게 되었고, 특히 정신장애에 대한 관심을 가졌다. 몸과 마음을 조절하지 못한다는 것에 대한 두려움과 답답함을 너무나도 잘 알고 있기에 사회복지사 중에서도 정신장애인 당사자들과 함께 일할 수 있는 정신건강 사회복지사가 되었다. 안산시정신건강복지센터 정신 재활팀에 재직 중이며 회원들의 전반적인 일상생활 기술 향상을 위한 주거훈련시설인 '이음채'에서 <남성 회원 재활프로그램>을 담당하고 있다. 정신장애인과 그 가족들이 함께 모여 생활할 수 있는 시설을 직접 모델링해 새로운 패러다임의 정신 재활 시설을 만들기 위해 끊임없이 노력하고 있는 마음 따뜻한 정신건강 사회복지사다.

정신건강복지센터 전문요원
홍성수 정신건강 사회복지사

현재) 안산시정신건강복지센터 정신건강 사회복지사
- 용인정신병원 정신건강 전문요원 2급 임상 수련
- 안산대학교 사회복지학과 졸업
- 정신건강 전문요원 2급
- 사회복지사 1급
- 보육교사 2급

사회복지사의 스케줄

홍성수
사회복지사의 하루

* 정신건강복지센터는 각 센터마다 명칭이 다를 수 있으나 총 6개(기획운영팀, 응급관리팀, 정신 재활팀, 정신건강 증진팀, 아동·청소년팀)의 팀으로 구성되어 있으며 근무팀에 따라 하루 일과가 달라질 수 있습니다. 하루 일과표는 정신재활팀의 일반적인 경우입니다.

21:00 ~
▶ 취침

07:30 ~ 08:00
▶ 기상 및 아침
08:00 ~ 09:00
▶ 출근, 업무 및 상담계획

18:00 ~ 19:00
▶ 퇴근 및 집 청소
19:00 ~ 21:00
▶ 상담이론 스터디
▶ 개인 시간

09:00 ~ 09:10
▶ 금일 업무 및 상담계획 보고
09:10 ~ 10:00
▶ 사례논의 및 supervision팅

14:00 ~ 15:00
▶ 상담(정신과적 평가를 통한 지역사회자원 및 치료 연계)
16:00 ~ 18:00
▶ MHIS(정신건강 사례 관리시스템) 상담기록, 업무보고

10:00 ~ 12:00
▶ 정신건강 프로그램 진행
13:00 ~ 14:00
▶ 행정업무(치료비 지원 사업, 지역사회자원 연계 등)

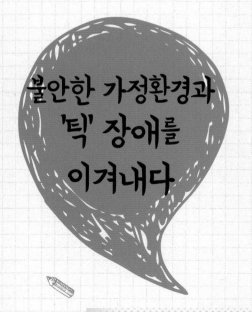

불안한 가정환경과
'틱' 장애를
이겨내다

▶ 활발하고 잘 웃는 아이

▶ 어린 시절

▶ 어린 시절

어린 시절, 가정환경은 어떠셨나요?

    부모님의 이혼으로 앞이 보이지 않는 할머니 손에서 자랐어요. 한부모가정, 시각장애인 할머니 밑에서 자랐다면 대개 성격이 내성적이라고 오해를 많이 하시는데 매우 활발하고 잘 웃는 아이였어요. 한 가지 힘든 점이 있었다면 성장하면서 어머니가 집에 계시지 않는다는 것을 부끄럽게 생각했었죠. 동네 친구 몇 명은 저희 큰어머니가 친어머니인 줄 알고 있었지만, 그것에 대해 굳이 해명하지 않았거든요. 큰아버지와 아버지는 동네 슈퍼마켓을 함께 운영하셨는데 아버지는 타고난 입담꾼으로 동네 사람들을 그냥 보내지 않고 한바탕 웃음을 준 뒤 보내고는 하셨어요. 그런 아버지를 보고 저도 사람들에게 웃음을 줄 수 있는 사람이 되어야겠다고 내심 생각했었죠.

중·고등학교 시절 학교생활에 대해서 말씀해주세요

    중학교 입학 후, 가출했던 어머니와 아버지가 재결합을 했어요. 난생처음 넓은 고층 아파트에 살게 되었고, 또래 친구들처럼 어머니의 보살핌을 받아 보습학원을 다니기도 했어요. 자연스럽게 높은 성적을 유지했고, 반장도 도맡아 했었죠. 하지만 그런 행복한 생활도 오래가지는 않았어요. 다시 시작된 부모님의 갈등으로 매일 집안이 싸우는 소리로 가득했거든요. 부모님이 다시 이혼한 뒤 세상이 모두 무너지는 기분이었어요.

    점점 성적은 떨어지고 마음에는 불안함만 가득했었죠. 그래서일까 제게 틱 장애라는 무서운 병이 찾아왔어요. 원하지 않는데 머리를 흔들고, 소리를 큼! 큼! 내며 반 친구들의 웃음거리가 되기도 했었죠. 고등학교를 입학하고 밴드부에 들어가 건반을 치게 되었는데 함께 음악을 공부하는 친구들과 즐거운 학교생활을 하면서 안정을 얻었습니다. 또한, 첫 발병 이후 약 6년간 정신과 약물치료를 꾸준히 받아 틱 장애 증상 또한 점차 나아지게 되었어요. 하지만, 현재도 스트레스를 받거나 불안할 때면 얼굴을 찡그리거나 머리를 흔드는 등 틱 증상은 여전히 남아 있습니다. 이에 감기에 걸리면 내과에 가서 약 처방을 받는 것처럼 틱 증상이 심할 때는 언제나처럼 정신건강의학과 주치의를 찾아가 약물 처방을 받습니다.

Question **좋아했던** 과목이 있으셨나요?

음악 시간을 가장 좋아했어요. 집에 있던 전자 키보드에 자동으로 연주가 나오는 기능이 있었는데 음악을 틀어놓고 온종일 듣기도 했었죠.

Question **학창 시절** 희망하는 직업이 있었나요?

중학교 2학년 수행평가 시간이 기억나요. 다양한 직업을 탐색하던 중에 사회적으로 의견을 내기 힘든 약자들의 편에 서서 대변하는 일을 하는 사회복지사에 관한 설명을 듣자마자 "아, 나에게 딱 맞는 직업이구나."라는 생각이 들었죠. 낯선 옷가게에 갔는데 처음 본 옷이지만 마치 원래부터 내가 입었던 옷같이 친숙한 느낌이 들었거든요. 사회적 약자를 대변하는 사회복지사라는 직업에 흥미가 생겼고, 앞이 보이지 않은 할머니와 생활하던 제게 딱 맞는 직업이라고 생각하게 되었습니다.

Question **부모님께서도** 원하셨던 직업인가요?

장래에 어떤 직업을 가지라고 하진 않으셨어요. 어린 시절 아버지는 꼭 잠자리에 들기 전에 철학적인 질문을 많이 하셨는데 '억겁'이라는 단어를 중요시하라고 하셨어요. "백년에 한 번 선녀가 내려와서 큰 바위산을 살짝 스치고 올라가는데, 그 바위산이 다 닳는 시간만큼이 한 겹이다. 우리가 살 수 있는 백 년이라는 시간은 정말 찰나이니 그 짧은 시간 동안 다른 사람 눈에서 눈물 흘리게 하지 말고 정직하게 살아야 한다." "죽기 직전에 편안하게 눈을 감으려면 정직하게 살아야 한다."는 이야기를 항상 해주셨어요. 직업에 선함과 악함이 구분되지는 않지만, 사람들에게 이로운 직업 활동을 한다는 점에서 사회복지사라는 직업을 가졌을 때 부모님 또한 크게 기뻐하셨어요.

Question   **학창 시절 진로에 도움이 될 만한 활동이 있었나요?**

요양원에서 거동이 불편한 어르신들께 목욕을 시켜드리는 봉사를 했어요. 치매(현 명칭은 신경인지장애)를 가지고 계신 어르신을 맡게 되었는데 인지기능이 많이 저하된 상황임에도 불구하고 최대한 스스로 씻으려고 하시는 모습을 보고 많은 감정이 교차하였지요. 어린 시절부터 겪어온 틱 장애와 자원봉사활동 등 많은 경험이 쌓여 사회복지사라는 꿈을 심어주었고, 이를 통해 정신장애에 대한 관심을 가지게 되었습니다.

Question   **사회복지학과를 진학하게 된 계기가 있나요?**

시각장애인 할머니와 함께 생활하던 기억이 큰 영향을 주었어요. 할머니는 앞이 보이지 않음에도 청소, 빨래, 식사 준비 등 모든 가사 일을 원활하게 수행하셨어요. 장애가 있더라도 꾸준한 훈련과 기회가 주어진다면 비장애인 못지않게 일을 잘 할 수 있다는 신념을 직접 경험을 통해 알고 있었기 때문에 장애인, 소수자 등 사회적 약자를 대변하는 사회복지사라는 직업에 이끌려 사회복지학과를 진학하게 되었습니다.

포부를
넓게 가지고
도전하라

▶ 종교활동 수련회

▶ 고등학교 졸업

▶ 대학교(중고등학생 진로탐색 봉사활동)

Question 대학 생활은 어떠셨나요?

대학 시절엔 하고 싶은 공부를 할 수 있다는 것에 대해 감사한 시간이었어요. 하고 싶은 공부를 하다 보니 굳이 억지로 공부하지 않아도 성적은 늘 상위권을 유지했고 학생회 활동을 하면서 학과에 도움이 되는 일도 열심히 하였죠. 사회복지사 자격증 취득과 함께 어린이집 교사가 되기 위한 자격 과정도 함께 이수하다 보니 자연스럽게 유아동의 성장 발달에 적절한 교육과정을 탐구하고 이해하고 싶은 마음이 커졌고, 보육동아리에 가입해서 퀼트공예를 하거나 발달에 이로운 놀이들을 공부했어요.

▶ 대학교 보육동아리 출품물

Question 대학 시절 봉사활동도 많이 하셨다고요?

노인 자살 예방, 요양원 등 많은 봉사활동을 하였지만, 그중에서도 정신건강복지센터에서 시민들을 상대로 캠페인을 진행하는 정신건강 증진사업 자원봉사 활동을 했던 기억이 가장 인상 깊었어요. 한참 조현병과 정신장애인 범죄에 대해 자극적인 보도를 하며 정신장애에 대한 편견이 심해져 가고 있었는데 정신건강복지센터에서는 반대로 정신장애의 편견을 해소하고 인식을 개선하기 위해 열심히 캠페인을 하고 있었어요.

Question **봉사활동 중** 기억에 남는 일이 있는지요?

정신건강복지센터 캠페인 봉사를 하면서 시민들을 대상으로 우울(CES-D), 불안(GAD-7), 스트레스(PSS-10), 조기정신증(CAPE-15) 평가를 위한 척도 검사 캠페인에 참여하였습니다. 봉사를 하던 중 몹시 불안해 보이던 아주머니께서 어두운 얼굴로 상담을 받았는데 척도 검사 결과가 다소 높게 나와 센터 등록을 위한 상담까지 진행하게 되었어요. 이후 치료 연계를 통해 정신과 치료를 시작하게 되었고 점차 정신과적 증상이 완화되며 이전 얼굴과는 확연히 다른 밝은 모습으로 센터를 다니게 되셨던 그 모습이 아직도 생생합니다.

Question **정신건강 사회복지사를 선택하신** 특별한 이유가 있나요?

제가 정신장애 당사자였기 때문이에요. 신경 발달장애 유형 중 하나인 틱 장애는 음성 틱과 운동 틱으로 나뉘어져있는데 저는 그 모두를 겪었거든요. 이런 경우엔 뚜렛 장애라는 명칭을 사용하는데 제가 바로 그 당사자였죠. 내가 원하지 않음에도 나의 몸과 마음을 조절하지 못한다는 것에 대한 두려움과 답답함을 너무나도 잘 알고 있기 때문에 사회복지사 중에서도 정신장애인 당사자들과 함께 일할 수 있는 정신건강 사회복지사가 되기로 결심했죠. 또 사회복지사 자격증 취득을 위해 실습을 하던 중에 만났던 분인데 시한부 진단을 받고 5년 동안 집에서 매일 음주를 하신 할아버지의 집을 방문했을 때였어요. 할아버지는 알코올 사용 문제와 극심한 우울 증상이 있었는데 막상 다가가려니 어떻게 말을 꺼내야 할지 감이 서지 않더라고요. 그래서 정신과적 증상 및 상담 방법에 대해 더욱더 공부하고 싶다는 열망이 생겼죠.

진로 결정 시 가장 영향을 많이 주신 멘토가 있었나요?

대학교 시절 정신건강 관련 과목을 가르쳐주신 홍미기 교수님입니다. 당시 전문대학교 콤플렉스가 있던 제게 전문대학교를 졸업했다는 것만으로 의기소침해질 필요가 없으며, 사회복지사라는 직업 영역에도 매우 다양한 분야가 있으니 포부를 넓게 가지고 끊임없이 공부하라고 조언해주셨지요.

교수님께서는 미국에서 정신보건 임상수련 과정을 이수한 후 정신보건 사회복지사(現 정신건강 사회복지사)로 일하셨는데 당시 생생한 경험들을 가르쳐주시며 제가 사회복지사, 더욱 나아가 정신과적 증상을 가지고 있는 사람들에게 전문가로서 어떠한 도움을 주어야 하는가, 정신건강 사회복지사가 되기 위한 중요한 영양분을 주셨습니다. 그래서 밤마다 정신건강론 교재를 읽다 잠이 들기도 하였고, 방 벽지에 온통 정신의학 용어를 붙여놓고 공부했었죠. 덕분에 국가시험인 사회복지사 1급을 준비하는 기간 동안 정신보건 임상 수련 준비를 병행하는데 큰 도움이 되었어요.

Question 정신건강 사회복지사가 되려면 어떤 준비 과정이 필요한가요?

정규 교과목 이수 후 사회복지사 2급 자격증을 취득해야 합니다. 이후 국가시험을 통해 사회복지사 1급을 취득해야 정신건강 전문요원 자격 취득을 위한 임상 수련에 지원할 수 있는 자격이 생깁니다. 임상 수련기관은 국립정신건강센터(前 국립서울정신병원), 대학병원, 지역병원, 광역 및 기초 정신건강복지센터, 정신 재활 시설 등으로 나누어져 있으나 특정 기관은 경쟁률이 매우 높기 때문에 더욱 열심히 준비를 해야 합니다.

수련 준비를 하며 가장 기본적으로 정신의학 용어를 전부 숙지하고, 정신장애에 대한 이해(원인, 치료 방법, 사용 약물, 예후 등)를 위해 정신장애 진단 및 통계 매뉴얼(DSM-5)을 공부합니다. 이외에도 정신보건 세팅에서 사용 가능한 상담 및 실천 기술과 이론, 정신장애 진단기준이나 실천이론 등에 관한 원어 해석 연습(원어로 된 서적으로 스터디를 하는 경우가 많기 때문)에 대해 공부하면 좋을 것 같습니다. 또 관련 기관에서 일하였던 경험이나 관련 기관에서의 자원봉사 경험, 관련 교육 세미나 참여 및 교육 이수 등 커리어가 있다면 합격률은 당연히 올라가겠죠.

Question 현재 직업을 선택하시게 된 결정적인 이유가 궁금합니다.

사회복지실습과 더불어 어린이집에서 보육교사 자격증 취득을 위한 실습을 진행한 적이 있어요. 당시 장애 통합반에 있는 자폐스펙트럼 장애를 가진 원생을 케어 한 적이 있는데 처음에는 세상을 등지고 보호의 손길조차 두려움으로 인식하던 아이에게 어떻게 다가가는 게 좋을까를 생각하다 수업 목표와는 다르지만, 아이가 하고 싶은 놀이를 할 수 있되 다치지 않도록 옆에서 보호하는 역할만 수행하였어요. 이후 아이는 저를 거부하던 처음의 모습과는 다르게 항상 제 옆에서 놀이하거나 무릎을 베고 낮잠을 자는 모습을 보여주었지요. 이를 통해 정신 장애에 대해 더욱 자세히 알고 싶은 욕구가 생겼고 DSM-5라는 정신장애 편람 서적을 공부하게 되었습니다.

Question **정신병원에서의 임상 수련에 대해** 설명 부탁드립니다.

　대학교 졸업 후 용인정신병원에서 1년 간 일을 하며 임상 수련을 받았습니다. 용인정신병원은 정신건강의학과 전문의, 전공의, 정신건강 전문요원(간호사, 사회복지사, 임상심리사), 보호사 등 다양한 정신보건 영역의 전문가들이 일하고 있는데 조현 스펙트럼 장애, 양극성 장애(조울증), 우울장애, 알코올 및 약물 사용 장애 등 매우 다양한 정신과적 증상 및 정신장애를 치료하기 위해 외래 및 입원 치료를 받고 계신 환자분들이 있어 다양한 임상경험을 쌓으며 일할 수 있는 곳입니다. 일과 임상 수련을 병행했기에 낮에는 일을 하고 저녁 시간대는 수련 과제를 했는데 시간이 매우 부족하기 때문에 병원에서 밤을 새기도 하며 힘든 시간을 보냈어요. 하지만 정신건강의학과 전문의와 전공의, 다양한 세팅의 임상 전문가들과 함께 협업하기도 하고, case conference에도 참여하며 사회복지 분야에서 뿐만 아니라 다른 세팅의 전문가들은 어떠한 방식으로 개입을 하는지 직접 경험할 수 있어서 저에게는 매우 값진 자원이 되었죠.

Question **현재 하시고 계신 정신건강** 사회복지사에 대해 알려주십시오.

　안산시정신건강복지센터에서 정신건강 사회복지사로 있습니다. 정신건강복지센터는 정신건강 전문기관으로 정신건강의학과 전문의와 정신건강 전문요원(정신건강 간호사, 사회복지사, 임상심리사, 작업치료사)이 근무하고 있습니다. 센터에는 정신건강 증진, 응급 위기 관리, 재활, 취업 지원, 아동·청소년, 기획운영팀이 각자만의 전문 분야를 가지고 함께 일하고 있습니다. 작년에는 정신건강 증진팀에서 일반시민을 대상으로 척도평가를 진행했고, 고위험군을 선별하여 치료 및 상담을 연계하는 <찾아가는 마음 건강 상담>, 일반사업장, 사기업, 유관기관 종사자들을 대상으로 진행하는 정신건강 교육 사업인 <생애주기별 정신건강 교육>, 장기화된 코로나 19로 인해 심리적 어려움을 겪는 시민을 대상

으로 진행하는 <고위험군 프로그램>, 정신과적 치료가 필요한 대상을 선별하여 정신건
강의학과 전문의에게 상담을 받은 후 치료까지 연계하는 <클리닉 상담>, 코로나 19로
지친 마음을 위로하고 힐링한다는 표제로 진행된 자동차 극장 사업 <바퀴 달린 영화관>
사업을 진행하였고, 현재는 정신 재활팀에서 회원들의 전반적인 일상생활 기술 향상을
위한 주거훈련시설인 '이음채'에서 <남성 회원 재활 프로그램>을 운영하고 있습니다.

<Question> **용인정신병원에서 맡은 첫 업무는 어떤 것이었나요?**

  정신건강의학과 전공의, 간호사, 사회복지사, 임상심리사가 모여 진행하는 사례 회의
(Case Conference)에서 환자의 가족력과 가족 체계에 대한 기술, 경제적 상황에 대한 조
사를 맡게 되었어요. 사회복지사는 환자뿐만 아니라 환자의 가족 구성원과도 밀접한 관
계를 맺어야 하는 다양한 상황이 생깁니다. 가족들은 어떠한 환경에서 자라왔고 환자에
게 어떠한 영향을 미쳤는가? 가족들의 정신과적 증상에 대한 인식(insight)이 어떠한가?
치료에 얼마나 협력할 수 있는가? 협력할 수 있다면 경제적 형편은 어떠한지, 경제적 형
편이 어렵다면 어떠한 외부자원(사회공헌재단, 어린이재단 등 후원)이 필요한지 등에 대해 조
사를 하고 이를 바탕으로 정신과 세팅에서 개입하고 있는 다른 직업군 선생님들과 협업
을 하였죠.

끊임없이
스스로를
성찰하라

▶ 안산시정신건강복지센터 인식개선 캠페인

▶ 기억에 남는 프로젝트 자동차극장

▶ 정신건강사회복지사 온라인 워크샵

정신건강복지센터의 근무 환경은 어떤가요?

　기본적으로 정신과적 증상을 가지고 있는 환자(혹은 회원)와 함께 일하면서 발생할 수 있는 위험이 있습니다. 대부분의 환자(혹은 회원)분들은 주기적인 외래진료 및 약물치료를 통해 정신과적 증상이 완화되어있어 회복 단계에 있기 때문에 위험성은 높지 않지만, 다양한 이유(스트레스 상황, 망상으로 인해 약물 치료를 자의적으로 몰래 중단하는 일 등)로 인하여 증상이 재발하거나 장기적으로 약물치료를 받지 않은 상태에서 만나게 되는 경우엔 망상이나 환청, 환시 등 정신과적 증상으로 인해 공격적인 행동을 보이기도 합니다. 하지만 정신과적 증상은 증상일 뿐, 충분한 치료가 이루어진 후에는 위험한 경우가 거의 없습니다.

연봉은 어느 정도인가요? (표 참고)

매년 보건복지부에서 발행하는 정신건강 사업 안내에 수록되어있는 정신건강복지센터 종사자 급여 테이블입니다. 보통 호봉제로 이루어져 있고 매년 물가 상승률이나 예산 증감 등에 의해 산정됩니다. 이외 명절 휴가비나 가족수당, 특수근무수당, 시간외근무수당이 추가적으로 있는데 이는 급여 테이블에 포함되어 있지 않은 금액으로 연봉으로 산정한 후 수당을 더하면 1년 동안 받는 총금액을 대략 알 수 있습니다. 상기 급여 테이블을 따르면 2021년, 3호봉 기준으로 1년에 약 3,200만 원의 임금에 더하여 수당(시간외근무수당, 출장 수당)을 추가로 받게 됩니다.

*정신의료기관의 경우 자체적으로 연봉협상을 하는 경우가 많으며, 정신 재활 시설의 경우 다른 급여 테이블을 사용하고 있어 상이할 수 있습니다.

2021년 정신건강복지센터 및 중독관리통합지원센터 종사자 기본급 지급기준

(단위 : 원/월)

직위 (호봉)	센터장 (상근)	사업수행인력		
		팀장 (정신건강전문요원)	팀원 (정신건강전문요원)	정신건강전문요원 미자격
1호봉	2,614,000	2,343,700	2,138,300	2,009,900
2호봉	2,708,400	2,424,100	2,208,800	2,073,500
3호봉	2,811,400	2,517,400	2,280,900	2,145,000
4호봉	2,918,700	2,613,200	2,378,500	2,217,000
5호봉	3,047,600	2,716,300	2,481,900	2,290,300
6호봉	3,176,500	2,832,100	2,588,900	2,383,500
7호봉	3,305,400	2,948,100	2,700,700	2,478,800
8호봉	3,435,500	3,072,800	2,813,600	2,574,800
9호봉	3,566,600	3,201,700	2,929,500	2,675,600
10호봉	3,691,200	3,329,300	3,041,100	2,769,400
11호봉	3,815,700	3,448,500	3,144,200	2,863,500
12호봉	3,938,100	3,552,400	3,237,300	2,942,500
13호봉	4,043,200	3,643,600	3,318,700	3,018,400
14호봉	4,129,100	3,734,400	3,397,800	3,091,000
15호봉	4,215,700	3,825,500	3,473,500	3,160,500
16호봉	4,297,700	3,906,800	3,545,000	3,227,400
17호봉	4,374,400	3,977,200	3,613,300	3,290,300
18호봉	4,447,100	4,047,900	3,679,400	3,351,000
19호봉	4,515,000	4,110,800	3,737,900	3,407,200
20호봉	4,575,300	4,171,600	3,796,400	3,462,200
21호봉	4,635,400	4,231,300	3,850,400	3,513,200
22호봉	4,692,800	4,286,200	3,902,700	3,561,600
23호봉	4,746,200	4,338,600	3,952,300	3,608,000
24호봉	4,796,700	4,387,400	3,996,100	3,652,500
25호봉	4,845,800	4,436,200	4,039,600	3,695,200
26호봉	4,886,100	4,478,600	4,082,000	3,737,000
27호봉	4,927,200	4,518,800	4,117,800	3,771,100
28호봉	4,963,000	4,554,500	4,149,300	3,802,100
29호봉	4,990,400	4,584,800	4,178,700	3,830,800
30호봉	5,013,500	4,616,600	4,206,100	3,856,200
31호봉		4,636,500	4,233,200	3,885,700

▶ 2021 정신건강복지센터 및 중독관리통합지원센터 종사자 기본급 / 수당 지급기준

2021년 정신건강복지센터 및 중독관리통합지원센터 종사자 수당 지급기준

(단위 : 천원/월)

수당의 종류	지급대상	지급액	지급화수 및 지급일
명절 휴가비	재직중인 종사자 (육아휴직 병가휴직 등 장기휴직 제외)	봉급액의 120%	봉급액의 60%씩 연 2회, 설과 추석이 속한 달의 보수지급일(또는 설과 추석 전 15일 이내에 센터장이 정한 날) * 세부기준은 공무원 기준 준용
가족수당	부양가족이 있는 종사자	부양가족 1인당 20,000원 (배우자 40,000원 둘째 자녀 60,000원 셋째 이후 자녀 100,000원)	매월 급여 지급일에 지급 (세부기준은 공무원 기준 준용)
특수근무수당	팀장을 제외한 사업 수행인력[1] 팀장[2] 상림팀장[3]	50,000원 70,000원 100,000원	매월 급여 지급일에 지급
시간외 근무수당 등	규정된 근무시간 외에 연장근로를 한 종사자	연장근로시간당 [통상임금(보수월액) ×1/209×1.5]	연장근로를 한 다음달 보수 지급일 (단, 12월은 당월에 지급)

정신건강 사회복지사의 전망은 어떨까요?

정신과적 증상을 드러내지 않고 숨겼던 과거에 비해 최근에는 현대 직장인들의 우울을 시작으로 연예인들이 공황장애 진단을 받았다고 방송에서 이야기하거나 각종 매체물을 통하여 정신과적 증상에 대한 인식이 많이 개선되었고 정신건강의학과에 방문하여 치료를 받는 것에 대한 편견이 많이 줄어들었어요. 보건복지부의 2016년 정신질환 실태 역학조사의 결과를 보면 정신장애 평생 유병률은 25.4%로 나와 있어요. 성인 10명 중 3명은 평생 동안 정신장애를 겪을 수 있다는 것이죠. 즉, 정신건강 분야에서의 인력이 확충될 가능성이 매우 높고, 필요성 또한 증대되므로 정신건강 사회복지사의 전망은 매우 좋은 편이라고 할 수 있습니다.

Question **사회복지사에 대한** 오해와 진실이 있다면 무엇인가요?

"사회복지사는 돈을 많이 벌지 못하니 봉사 정신으로 하는 직업이다." 사회복지사는 직종이나 기관, 지역마다 차이점이 있지만, 보건복지부에서 제공하는 가이드라인에 따라 급여가 결정됩니다. 절대 다른 직업에 비해 적은 보수를 받고 있지 않으며, 전문성을 키워 여러 분야로 나갈 수 있습니다. 또 사회복지사는 봉사자가 아닙니다. 여러 자원체계를 구축하여 사회 각 층에 있는 소수자 및 약자의 인권을 보호하고 권익을 대변하며 환경 안에서 안녕할 수 있도록 전문적인 이론을 바탕으로 접근하는 직업이며 단순히 봉사 정신이나 헌신적인 마음만 있다고 해서 선택할 수 있는 직업은 아니라고 생각합니다.

Question 스트레스 해소를 위한 취미활동이 있나요?

주말마다 자전거를 타고 많은 곳을 돌아다니며 새로운 것을 탐색하는 것을 좋아합니다. 평일에 회사와 집만 다니다 보면 점차 보는 시각이 협소해질 수 있어 주말에는 한 번도 안 가본 곳을 찾아가며 힐링을 하는 편입니다.

Question 담당 프로젝트 중에서 가장 기억에 남는 일은?

'정신건강 힐링 콘서트'라는 이름으로 매년 장소를 대관하여 시민들에게 의미 있는 콘서트(가수 초청, 시각장애인 연주단 초청 등)를 통해 정신건강 인식개선 메시지를 전달하는 사업을 진행해야 하는데, 코로나 19 바이러스 확진자가 급격하게 늘어나는 바람에 대관이 취소되었고, 사업은 진행해야 하는 난감한 상황에 부딪쳤습니다. 코로나 19 바이러스로부터 안전하면서 동시에 시민들이 삼삼오오 모여 의미 있는 시간을 보낼 수 있도록 어떤 사업을 구상해야 할까 고민하다 '자동차 극장' 사업이 떠올랐고 우여곡절 끝에 무사히 끝마치게 되었어요. 시민들의 반응이 매우 좋았고 센터에서도 처음으로 진행하는 사업이었기 때문에 의미 있는 프로젝트였지요. 팀원, 센터 직원들이 모두 모여 열심히 준비한 사업이 성공적으로 끝났을 때 " 시민들을 위해 또 한 건 해냈구나! " 하며 그동안 받았던 스트레스가 풀리기도 했답니다.

Question 가장 중요하게 생각하는 사회복지사의 철학이 있으실까요?

사회적 약자에 대한 배려심입니다. 정신장애인은 사회적 약자 및 소수자 범위 안에서도 자기 권익을 직접 호소하지 못하는 층에 있어요. 정신장애인 가족이더라도 적극적으로 사회에 알리기보다는 감추려는 경향이 있죠. 물론 가족 구성원의 잘못이 아닌 사회구조적인 측면에서 정신장애인에 대한 편견을 해소하지 못한 잘못이죠. 정신장애인 및 가족 당사자들을 대변하여 권익을 보호하고 인식을 개선하기 위해서는 사회적 약자에 대한 배려심과 끊임없이 공부하고 자기를 성찰하는 것이 중요한 덕목이라고 생각합니다.

Question 앞으로 삶의 특별한 목표가 있나요?

정신장애인과 그 가족들이 함께 모여 생활할 수 있는 시설을 직접 모델링하는 것입니다. 지금도 전국 약 200개가 넘는 정신 재활 시설이 있지만, 지역사회에서 일하다 보면 정신장애인 당사자, 그 가족 또한 시설이 있다는 것 자체를 모르는 경우도 많고, '정신', '시설' 단어만 들으면 부정적인 느낌이 들어 시설에는 절대 보내지 않겠다는 보호자도 계시죠. 누구나 가고 싶은 마음이 드는 시설을 직접 모델링하고 새로운 패러다임의 정신 재활 시설을 만드는 것이 제 최종 목표입니다.

Question 하고 계신 자기 계발이 있으신가요?

다양한 정신과적 증상을 가지고 있는 사람과 상담을 하기란 매우 어려운 일입니다. 그래서 다른 직원들과 함께 다양한 이론을 활용한 상담 기술 교육을 배우러 다니기도 하고, 상담학 대학원도 다닐 예정입니다. 사회복지사는 끊임없이 배워도 모자란 직업인 것 같아요. 내가 하고 있는 것이 맞는 건지 수없이 슈퍼비전을 받고 새로운 이론을 찾아다니며 접목해보기도 하고 끝없이 저 자신을 성찰하고 있습니다.

Question 사회복지사라는 직업에 대하여 추천 의사가 있으신지요?

물론입니다. 사회복지사가 매력 있는 이유는 '사람'에 있는 것 같습니다. 오랜 시간 상담을 통해 증상이 완화되어 근로를 잘 유지하기도 하고, 독립해 원활하게 생활하시는 모습을 보면 뿌듯하기도 하지만 자의적으로 약물복용을 중단해 재발하고, 증상으로 인해 욕을 듣거나 위협을 받는 경우도 매우 많습니다. 이러한 다양한 역동을 느끼고 경험하며 함께 울고 웃을 때 진정으로 살아있다는 느낌을 받지요. 제가 스스로 성장하는 데에도 매우 큰 영양분이 되고요.

Question 정신건강 사회복지사에 관심 있는 학생들에게 한마디 부탁드립니다.

우리 시대에서 정신질환, 정신장애를 다룬 지는 아직 오랜 시간이 지나지 않았습니다. 그만큼 정신적 문제에 대해 다룬다는 것은 막중한 책임감을 가져야 하며 단순히 상담하는 모습이 멋있어 보인다는 이유로 선택할 수 있는 직업은 아니라고 생각합니다. 다른 사람의 정신과 문제에 대해 상담하기 위해서는 먼저 자신이 살아온 환경이나 성격을 성찰해보고 내가 어떤 사람인지 잘 이해한 뒤에 전공을 선택하셨으면 좋겠습니다. 지금 사회복지과를 진학하고 있는 전공생이라면 정신건강 사회복지사가 되기 위해 사회복지사 1급 시험을 준비함과 동시에 꼭 DSM-5나 실제 사례들에 대해 공부해보고 정신병원이나 정신건강복지센터에서 자원봉사를 통해 경험을 쌓아보신다면 매우 큰 도움이 될 것 같습니다.

영남이공대학교 사회복지·보육과를 졸업하고 경증치매 노인 종합지원시설에서 사회복지사로 근무하고 있는 3년 차 사회복지사다. 중학교 때부터 고등학교 3학년 때까지 RCY(청소년적십자) 봉사 동아리에서 단원부터 단장까지 해보며 꾸준히 봉사 동아리에 참가하였다. 대학생이 돼서는 대학교 내 소모임을 만들어 지역 내 여러 봉사단체에서 봉사활동을 하였다. 현재는 '삼덕기억학교'라는 경증치매 노인 돌봄 시설에서 어르신들이 편하게 쉬시다 귀가하실 수 있도록 전반적인 도움을 드리며 프로그램 관리를 맡아 프로그램 운영을 진행하고 있다. 훗날 센터장을 목표로 다양한 경험을 쌓아가는 중이다.

- -

경증치매 노인 돌봄 시설

유광호 사회복지사

현) 경증치매 노인 돌봄 시설 '삼덕기억학교' 근무
- 상록수 노인 종합복지센터
  (노인 사회활동 지원사업 전담) 근무
- 여러 봉사단체에서 다수의 봉사활동
- 영남이공대학교 사회복지·보육과 졸업

사회복지사의 스케줄

유광호
사회복지사의
하루

* 송영 서비스란?
주야간보호센터에서 어르신을 집에서 센터로, 센터에서
집으로 모셔오고 모셔가는 서비스를 말함.

17:20 ~ 18:00
▸ 주간 보호 어르신
  개인별 관찰일지
  기록 및 업무일지 작성
18:00 ~ 24:00
▸ 퇴근 후 휴식 및 취침
  (야근이 있는 날은 8시까지
  하기도 함)

07:00 ~ 08:00
▸ 기상 및 출근 준비
08:00 ~ 08:40
▸ 출근 및 업무 준비

15:00 ~ 15:20
▸ 어르신 간식시간
15:20 ~ 17:10
▸ 오후 송영 진행

08:40 ~ 10:30
▸ 아침 송영 진행
10:30 ~ 11:50
▸ 오전 프로그램 및
  주간 보호 어르신 케어

12:50 ~ 13:20
▸ 주간 보호 어르신 개인별
  관찰일지 기록
13:20 ~ 13:50
▸ 치매 예방 체조 진행
13:50 ~ 15:00
▸ 전산 인지프로그램 및
  오후 프로그램 진행

11:50 ~ 12:50
▸ 식사 배식 보조 및
  잔반 정리 or 식사
  (교대 조가 아닐 시)

봉사의 첫걸음,
청소년적십자(RCY)

▶ 2녀 1남 중 늦둥이 막내

▶ 인권변호사를 꿈꾸던 초등 시절

▶ 어린 시절

Question 어린 시절을 어떻게 보내셨나요?

2년 1남의 막내로 누나들과 부모님의 사랑을 많이 받았어요. 늦둥이다 보니 양가 집안에서도 저를 많이 예뻐해 주셨죠. 큰누나와는 8살 차이가 나는데 어린 시절 제게 보이는 큰누나의 모습은 어른이었고, 늘 기댈 수 있는 그런 존재였어요.

Question 학창 시절 특별히 좋아했던 과목이 있나요?

사회 과목을 참 좋아했어요. 점수가 그렇게 잘 나왔던 과목도 아니었는데 우리 사회는 어떻게 돌아가는지, 나는 미래에 어떤 일을 해야 하는지에 대한 생각들을 계속하며 공부를 했던 것 같아요.

Question 어떤 성향의 학생이었나요?

사람들과 교우하는 것들은 좋아했어도 많은 친구를 사귀지는 못했어요. 소극적인 성향이다 보니 친해지고 싶은 친구나 좋아하는 친구가 있어도 쉽게 말을 걸지 못해 가까이 다 가기가 좀 힘들었어요. 고등학교에 가서는 이런 부분들을 극복하려고 총 동아리 연합회장도 하고, 친구들과 전국노래자랑을 나가겠다며 연습도 하고 나름 외향적으로 많이 지내려고 했었죠.

Question 장래 희망은 무엇이었나요?

여러 번 바뀌었는데요. 그때마다 항상 사람과 함께 하는 직업을 선택했던 것 같아요. 초등학생 때는 변호사들이 멋져 보여 인권변호사가 꿈이었고, 중학생 때는 교사나 사회복지사를 하면 잘 할 수 있겠다는 생각했었죠. 고등학생이 되고 나서는 상담사나 사회복지사를 해야겠다고 장래 희망이 구체적으로 형성된 것 같아요. 하지만 부모님께서는 기계과나 전기과로 가서 취업하기를 원하셨는데 제가 적성에 너무 맞지 않아 부모님을 설득했답니다.

Question 사회복지를 선택하게 된 계기가 있었나요?

중학생 때 일본어 선생님의 권유로 RCY(청소년적십자) 동아리에 들어갔던 게 지금의 제가 사회복지를 시작할 수 있게 된 큰 이유 중 하나가 된 것 같아요. 고등학교에 올라와서는 RCY라는 동아리가 없었는데 제가 학교에 건의해서 학교에서 RCY 동아리를 만들어 운영했던 기억이 있어요.

Question RCY 활동에 애착을 많이 가지신 것 같은데 가장 기억에 남는 활동이 있으신가요?

고등학교 시절 집에서 가까이에 있는 요양원으로 봉사활동을 갔었는데, 몸이 불편한 어르신들을 너무도 정성껏 돌봐주고 계시는 요양보호사와 사회복지사 선생님들을 보면서 나도 나중에 저런 멋진 일을 하는 사람이 꼭 되고 싶다고 생각하게 됐던 것 같아요.

▶ RCY동아리 활동에 관심이 많았던 학창시절

아픔 속에서
깨달은 '나눔'

▶ 대학 시절

▶ 학창 시절 봉사 활동

진로 선택에 있어서 영향을 많이 받은 일이 있나요?

저희 큰누나 같아요. 큰누나도 저와 비슷한 성향을 가지고 있어서 사람 만나는 것을 좋아해 간호사라는 직업을 갖겠다며 공부를 했었는데 제가 고등학교 3학년이 되는 때에 갑작스럽게 조현병 증세를 보이면서 당시 우리 가족들 전부가 학업과 생업을 뒤로하고 큰누나만을 돌봤던 적이 있어요. 그때 당시에는 저도 스트레스가 많이 쌓여있어서 별일 아닌 일에도 괜히 기분이 나빴고 부모님 또한 이 일로 인해 심신이 많이 지쳐 있으셨어요. "내가 여기서 정신을 안 차리면 우리 가족 모두가 무너지겠구나!" 하는 생각이 들었고 저라도 힘을 내야 했어요. 가족들을 좀 더 많이 챙기는 성격이 되었고 그때부터 큰누나를 모티브 삼아 저희처럼 어려운 고민을 안고 있는 사람들에게 도움을 주는 사람이 되고 싶었어요.

사회복지학과를 선택하시게 된 이유가 있나요?

사회복지를 하고 싶다는 마음! 그 마음이 제일 컸어요. 내가 아니면 이 일은 아무나 할 수 없고 나만이 할 수 있는 일이라는 생각으로 사회복지를 선택했어요. 중·고등학생 때 봉사활동에서 느꼈던 사회복지는 엄청 중노동에 월급이 매우 적다는 생각이 들었거든요. 그런데도 '나보다 어려운 사람들 한번 살려보자! 도와보자!'라는 생각이 들었고, 주위의 만류를 뿌리치고 사회복지학과를 선택하게 되었지요.

대학 생활은 어떠셨나요?

　친구들과 사회복지 관련 지식을 즐겁게 배우며 공부했었죠. 사회복지라는 게 공부를 하기 전에는 막연히 '좋은 일 하는 사람. 남 잘 도와주는 사람' 정도로만 생각하였다면, 본격적인 공부를 해보고 나서는 전문성이 많이 필요하겠다는 생각이 들었어요. 사회복지사 한 사람의 역량에 따라 클라이언트는 영향을 많이 받을 수밖에 없기에 더욱 집중해서 공부했던 것 같아요. 군대를 전역하고 재학생 친구들에게 뒤처지면 안 되겠다는 생각에 학교에 일찍 도착해서 전공 심화 학생들의 수업이 끝나는 밤늦은 시간까지 같이 수업을 듣다가 집에 오곤 했었죠. 그 당시 열심히 공부하고 수업을 들었던 순간이 생각해보면 가장 보람차고 좋았던 것 같아요.

봉사활동 중에 특별히 기억에 남는 일이 있으신가요?

　대학교 1학년 때 장애인복지관에서 청소년장애인들과 함께 주말마다 놀러 가는 프로그램에 봉사자로 참여를 했었는데 한 아이가 저를 계속 꼬집고 깨물고 해서 초반 봉사활동이 매우 힘들었어요. 그때 당시에 슈퍼바이져를 해주셨던 사회복지사님께서는 아이가 "자기한테 관심을 많이 가져달라는 표현방식"이라고 말씀을 해주셨고, 더 많은 관심과 여러 번 만남이 지속된 후에는 더는 저를 꼬집지 않고 해맑은 미소로 반겨주기까지 했던 일이 생각이 납니다.

Question 사회복지사가 된 후 첫 업무는 무엇이었나요?

서류 정리였어요. 신입 사회복지사인 제가 무엇을 해야 할지 모르니 누구나 할 수 있는 서류를 철하고 정리하는 것을 시켜주시더라고요. 모든 사회복지사가 첫 직장에서 처음 일을 시작하면 느끼는 낯 설은 감정과 어색한 기분이 공존하는 그런 상황이 제게도 있었지요.

Question 사회복지사로 첫 직장생활은 어떠셨나요?

대학 졸업 후 첫 직장인 노인 종합복지센터에서의 처음 6개월은 엄청 힘들었어요. 업무도 생소했고 노인 사회활동 지원사업 업무가 담당자 혼자서 150명의 어르신을 이끌어가야 했던 자리라 제가 하기에는 너무나도 벅찬 일이었어요. 당시에는 차량도 여건이 되지 않아서 매일 자전거를 타고 오전에 2~3시간 동안 밖에서 어르신들이 잘 활동하시는지를 모니터링하고 센터에 온 후, 오후에는 서류작업을 하며 시간을 보냈었죠. 그 후 업무가 조금씩 적응이 되었고 업무 여건도 조금씩 나아졌어요.

Question 현재 직업을 선택하시게 된 결정적인 이유가 궁금합니다.

제일 큰 이유는 내가 제일 잘 할 수 있는 일이었어요. 다른 일들은 뭔가 어렵고 불편했지만 사람 만나기를 좋아하는 저로서는 사람을 만나는 일이다 보니 제겐 가장 부담 없는 일이었고 또 잘 할 수 있을 거라는 자신도 있었어요.

사람이 꽃보다
아름다워

▶ 직장 생활

▶ 삼덕 여름축제 중에

▶ 기관 이용(삼덕기억학교=경증치매어르신돌봄시설) 외부 홍보 활동

Question

현재하시고 계신 일에 대한 설명을 부탁드립니다.

대구에 있는 '삼덕기억학교'라는 경증치매 노인 돌봄 시설에서 사회복지사로 일하고 있습니다. 경증치매 노인 종합지원시설은 장기요양등급을 받지 못하는 경증치매 어르신들을 낮 동안 보호하여 개별 욕구에 맞는 예방적 복지서비스를 제공함으로써 복지 사각지대를 해소하고, 이들의 노후가 아름답도록 돕고 있으며 저는 프로그램 관리를 맡아 프로그램 운영을 진행하고, 어르신 개개인별의 상태를 확인한 후 매일 개인별 관찰일지를 써서 어르신들의 상태를 확인하는 일을 하고 있습니다.

Question

경증치매 노인 돌봄 시설에서의 커리큘럼은 어떻게 되나요?

오전에 여러 지역을 돌아다니며 어르신들을 모시고 학교로 와요. 손과 옷 소독을 한 후 어르신들이 학교 안으로 들어오시게 되죠. 이후 여러 프로그램(인지, 놀이, 미술, 회상, 작업, 글자 쓰기 등)을 진행하고, 점심시간에는 식사 배식도 해드리며 학교 안에서 어르신들이 편하게 쉬시다 귀가하실 수 있도록 전반적인 도움을 드리는 활동을 해드리고 있습니다.

Question

경증치매 노인 종합지원시설의 근로 여건은 어떤가요?

"사회복지사들끼리 결혼을 하면 기초생활 보장 수급자가 된다."라는 이야기가 있는데요. 요즘은 사회복지 종사자의 처우개선을 많이 요구하고 있어서 그 정도까지는 아니지만 아직도 종사자들이 생각하는 임금과 현실의 임금 차이는 존재하는 것 같아요. 근무환경은 어느 복지 분야를 전공하느냐와 각 복지관에 따라서도 차이가 많은 것 같고요. 그러나 대부분의 사회복지 현장에선 정시에 퇴근하기가 어려워요. 사회복지사는 대상자들이 다 가고 난 뒤 본격적인 업무를 할 수 있기 때문에 일찍 퇴근할 때는 7시, 늦으면 8시쯤 퇴근하는 경우가 많습니다.

Question 일하시면서 가장 보람을 느꼈을 때는 언제인가요?

주간 보호센터에 있었을 때의 일인데요. 어르신 한 분이 갑자기 센터에서 쓰러지셨던 적이 있었어요. 그때 당황하지 않고 빠르게 심폐소생술을 실시해서 어르신을 살렸을 때가 가장 보람을 느꼈습니다.

Question 힘들 때도 있었을 텐데요?

연로하신 어르신들과 함께 하는 업무를 하다 보니 어르신들께서 갑자기 돌아가시는 경우가 종종 있는데 한번은 쓰러진 어르신을 병원으로 모시기 위해 제가 직접 등에 업고 병원으로 뛰어갔었는데요. 몇 시간 후 병원에서 돌아가셨다는 연락을 받았을 때는 몹시 마음이 힘들었고 아직도 그 어르신이 마음속에 많이 남아있어요.

Question 스트레스 관리는 어떻게 하시는지요?

개인적으로 좋은 사람들과 만나서 밥을 먹거나, 술을 한잔하는 것을 좋아합니다. 친한 친구들과 새로운 장소로 여행을 가기도 하고 제가 좋아하는 야구를 보며 스트레스를 풀기도 하죠. 직장 생활을 하다 보니 취미활동을 하려면 주말이나 시간적 여유가 있어서 매주 주말이 소중하게 기다려지는 그런 시간입니다. 약속이 없는 평일 퇴근 후에는 주로 집에서 텔레비전을 보거나, 인터넷 웹툰을 보면서 시간을 보내고 있는데요. 퇴근을 늦게 하다 보니 집에 와서 혼자 즐기는 시간이 아주 소중하게 느껴져서 잠은 조금 늦게 자게 되는 것 같아요.

Question 사회복지사가 되고 나서 새롭게 알게 된 점은?

생각보다 많은 사람이 사회복지 서비스를 이용하고 있다는 것을 알게 되었어요. 소득의 차이에서만 오는 것이 아닌 소득이 많은 사람도, 소득이 적은 사람도 모두 사회복지 서비스를 받을 수 있다는 것을 알게 되었죠. 사회복지사가 되기 전에는 사회복지는 경제적으로 취약한 사람들 위주로 제공이 되는 서비스라는 생각을 했었는데 사회복지사가 되고 나서는 소득에 상관없이 모든 사람이 다양한 형태로 사회복지 서비스를 이용하고 있는 것을 눈으로 확인할 수가 있더라고요. 국민건강보험공단만 해도 장기요양등급이 있는 어르신들은 나라에서 주간 보호시설을 이용할 때 시설급여를 지원해주는데 이런 부분들을 보면 보편적 복지도 존재한다는 것을 알 수가 있게 되었지요.

Question 사회복지사에 대한 오해와 진실이 있다면 무엇인가요?

사회복지사라고 하면 "좋은 일 하시네요." "되게 착하시겠다."라는 이야기들을 많이 하면서 일상생활에서도 남을 많이 도울 거라는 생각들이 많으신데요. 저희도 똑같이 직장 안에서 열심히 일하다가 업무가 끝나면 각자의 자리로 돌아가 개인 여가를 가지기 때문에 일상생활에서까지 봉사활동을 나서서 하지는 못하는 것 같아요.

Question 본인만이 추구하는 업무 철학이 있으신가요?

"클라이언트의 행복도 중요하지만 내 행복이 더 중요하다." 사회복지사가 하는 말치고는 사회복지와 거리가 있는 말이지만 사회복지를 하려고 하면 사회복지를 행하는 그 사람이 행복해야 서비스를 받는 클라이언트들에게도 그 영향이 전달되는 것 같아요. 사회복지사가 행복하지 않으면 결국 서비스를 받는 클라이언트들에게도 그 영향이 갈 수밖에 없거든요.

앞으로 삶의 목표는 무엇인가요?

사회복지사로서 저의 목표는 센터장이나 관장까지도 해보고 싶어요. 또 모든 사회복지사의 목표이기도 하겠지만 저만의 센터를 운영하며 제가 생각하고 있는 복지 철학들을 마음껏 표현하고 후배 사회복지사들을 잘 양성하는 멋진 사회복지사로 자리매김하고 싶습니다.

사회복지에 관심 있는 학생들에게 해주고 싶은 말씀이 있나요?

사회복지사라는 직업이 정말 나하고 잘 맞는지? 내가 사회복지를 생각하는 마음이 어떤지를 먼저 생각해보면 좋을 것 같아요. 사회복지를 즐겁게 하겠다는 뜨거운 마음을 가지고 있는 학생이라면 나로 인해 사람이 바뀐다는 건 아무나 할 수 없는 가치 있는 일이기 때문에 추천해주고 싶습니다. 사회복지사는 직업적 보람도 뛰어나고 인생에서도 느끼는 점이 아주 많이 있거든요.

사회복지사에게 청소년들이 묻다

청소년들이 사회복지사에게
직접 물어보는 9가지 질문

> ### 개발도상국에 대한 해외지원 활동이 궁금합니다.

개발도상국에서 장애인들의 삶은 정말 열악했어요. 하지만 한국 정부가 교육비와 차비, 식비 등을 지원해줘서 그들은 '안마'라는 기술을 배울 수 있었습니다. 물론 그 기술이 3개월이라는 짧은 시간에 배울 수 있는 것이 아니었지만 (실제로는 전문적으로 배운다면 인체학, 해부학 등을 포함해서 2~3년씩 배운다고 합니다) 그들에게 조금이나마 경제적으로 도움이 될 수 있었고, 직업 재활의 기본이 되는 기술을 미약하게나마 교육할 수 있었어요. 그중 한 분이 "저는 학교도 못 다녀봐서 선생님이라 부를 만한 사람이 없었는데 이렇게 안마를 배우며 선생님이 생겨서 너무 좋습니다."라고 했던 말이 아직도 생생하게 기억이 나네요. 강사 선생님께서도 문화와 언어, 식습관이 다른 해외에서 생활하고 교육하시느라 고생을 많이 하셨죠. 개발도상국의 환경이 불편하고 파견 직원으로 지내기가 쉽지만은 않았지만 분명 보람되고 의미 있는 일이었습니다.

> ### 정신건강 사회복지사는
> ### 주로 어떤 분야에서 일을 하나요?

일반적으로 정신의료기관과 정신건강복지센터, 정신 재활 시설에서 일하는 경우가 많습니다. 정신의료기관 즉, 정신과 병원에서는 입원 환자들에 대한 기본적인 심리·사회적 사정, 증상이나 약물 관리 교육, 재활 프로그램, 가족 상담, 가족교육, 후원사업 계획서 연계, 수가청구 등의 업무를 수행합니다. 정신 재활 시설은 대상자들의 활동을 지원하거나 프로그램을 구성하고 일상생활 주거훈련, 투약 관리 등의 업무를 수행하고, 정신 재활 시설 안에서도 지역사회 전환시설이나 클럽하우스 등 매우 다양한 종류의 시설이 별도로 분류되어 있습니다. 이외에도 자살예방센터, 중독관리 통합지원센터, 트라우마센터, 자살심리 부검과 경찰 수사기록을 조사하는 중앙심리 부검센터, 법원 등 매우 다양한 영역에서 정신건강 사회복지사들을 필요로 하고, 많은 분이 일을 하고 있습니다.

사회복지사라는 직업을 적극적으로 추천하시나요?

　세상에 나를 통해 타인의 긍정적인 변화를 경험할 수 있는 직업이 얼마나 될까요? 사회복지사라는 직업은 이 놀라운 경험을 할 수 있는 직업이에요. 그렇기에 당연히 지인이나 가족들에게 추천할 생각이 있지만 아무나 사회복지사라는 직업을 유지할 수 있다고 생각하지는 않아요. 사회복지사로서 철학과 자질이 충분히 보인다면 적극 추천을 할 겁니다. 또 사회복지사라는 직업을 가져야만 사회복지를 할 수 있는 것은 결코 아니기 때문에 만약 다른 달란트가 있다면, 그것을 통해 사회복지를 할 수 있도록 적극적으로 조언을 해줄 생각입니다.

**사회복지사가 되기 위해
도움이 될 만한 활동이 있을까요?**

　저 같은 경우는 중·고등학교 시절 RCY(청소년적십자)에서 했던 봉사활동들이 많은 도움이 되었어요. 그때 요양원에서 어르신들 케어 봉사활동도 했었는데 다양한 현장에서 수많은 사회복지 관련 인력들이 일하고 있다는 것을 알았고, 동아리에서 자체적으로 헌혈 활동을 할 때는 지역사회에 도움이 되는 일원이 되었다는 생각에 뿌듯함도 느꼈던 것 같아요. 지금도 주기적으로 헌혈을 하며 저만의 보람을 찾고 있답니다. 가장 큰 건 봉사활동을 하면서 직접 보고 느낀 저의 경험이 가장 큰 도움이 되었지요.

사회복지사에 대한 오해와 진실이 있다면 무엇인가요?

학생 때부터 사회복지사에 대해 듣던 소리가 하나 있습니다. 사회복지사끼리 결혼하면 기초생활 보장 수급자가 되어 국가에서 도움받을 정도로 월급이 박봉이고 생활하기 어렵다는 이야기였습니다. 실제로 사회복지사 1년 차 때 월급을 받고 실망하긴 했지만, 결코 국가의 도움이 필요할 정도의 박봉은 아니었습니다. 최저생계비가 오르고 최저임금이 오른 것처럼 최근 사회복지사 첫 호봉도 많이 상승했습니다. 대기업 정도는 아니라도 첫 시작은 중소기업 정도로 시작한다고 보시면 좋습니다. 다만 호봉 체계로 연차가 쌓이면 받는 월급과 수당이 점차 상승하기 때문에 안정적인 호봉체계는 장점으로 다가옵니다. 그러므로 사회복지사끼리 결혼하면 기초생활 보장 수급자가 되기 어렵습니다. 종종 자원봉사로 오해하셔서 먹고사는 문제를 걱정하시는 주민들도 계시는데 나라에서 열심히 일하라고 월급을 받는다고 말씀드리면 깜짝 놀라 하십니다.

지역사회보장협의체가 무엇이고 그곳에서는 주로 어떤 활동을 하는지요?

지역사회보장협의체는 민과 관이 협업하여 지역사회 내 복지 사각지대를 발굴하고 지원하는 시스템입니다. 공무원, 다양한 사업체를 운영하는 사람, 복지 전문가, 복지관 과장, 기관장, 지역주민이 함께 회의하고 지역사회 내의 복지를 협업이라는 네트워크 내에서 함께 전문가와 준전문가, 비전문가가 함께 만들어 가는 복지 시스템입니다.

사회복지사가 되기 위해 어떤 준비를 해야 할까요?

사회복지사가 되기 위해선 필수적으로 사회복지사 자격증 취득 과정을 거쳐야 합니다. 학점은행제, 평생교육원, 2년제 전문대, 사이버대학교, 4년제 대학이 대표적이며 필수 과목을 이수한 후 실습을 마쳐야 기본적으로 사회복지사 2급 자격증이 주어집니다. 하지만 이런 자격증은 사회복지사가 되기 위한 필요충분조건이라 생각되며, 개인적으로 사회복지사가 되기 위해선 관심 분야에 대한 경험을 쌓아야 한다고 생각합니다. 대표적으로 자원봉사가 있습니다. 자원봉사는 실무를 직접 경험하긴 힘들지만, 간접경험으로 그 분야 사회복지사가 어떤 식으로 일하는지 알아볼 좋은 기회이기 때문에 관심 분야가 있으시다면 꼭 자원봉사를 지원해서 경험해보시길 추천합니다.

자선, 구제와 사회복지는 어떻게 다른가요?

예를 들어서 설명할게요. 육교 위에 깡통을 차고 있는 걸인을 발견하였을 때 걸인의 깡통에 돈을 던져주는 것은 자선과 구제의 행동이고요, 그 걸인의 깡통을 발로 뻥 차고 걸인이 다시 사회의 구성원이 될 수 있도록 서포터즈 하는 행동은 사회복지라고 할 수 있습니다.

홀륭한 사회복지사가 되려면 어떻게 해야 하나요?

한마디로 "사회복지사는 만능 엔터테이너여야 한다고 생각합니다." 사회복지사는 특정 한 영역에 국한된 개입만 하는 것이 아닌 다양한 접근을 해야 하는 직업이라는 뜻입니다. 예를 들어, '정신건강 인식개선'이라는 목표를 달성하기 위해 사회복지사에게 요구되는 역량은 매우 다양합니다. 캠페인을 열어 시민들에게 정신건강에 대해 알려야 할 때는 캠페인 장소를 탐색할 수 있어야 하며, 현수막이나 필요한 물품들을 찾고, 이를 설치해야 합니다. 또 척도 검사를 하고 시민들을 센터로 유입할 수 있도록 상담 기술도 있어야 하고, 위험한 경우를 대비해 신체 능력도 길러야 하지요. 사회복지의 꽃이라고 불리는 사례관리의 경우에도 경제력이 낮지만 당장 돈이 필요한 회원에게 연결해줄 수 있는 자원을 찾아야 할 때 탐색 능력이 필요하며 열악한 상황을 구체적으로 표현하기 위한 글쓰기 능력 등 사회복지사에게 요구되는 능력은 매우 다양하답니다.

CHAPTER

| 3 |

예비
사회복지사
아카데미

사회복지 관련 대학 및 학과

사회복지학과

학과 개요

사회복지학은 인간 중심의 철학을 바탕으로 평등, 정의를 실현하기 위한 학과입니다. 사회복지는 더불어 사는 행복한 사회를 만들기 위한 노력을 뜻합니다. 사회복지학과는 다양한 사회문제의 해결 방법을 연구하고 실천하기 위한 교육을 제공합니다. 또, 인간의 삶의 질을 높이고 평등과 정의를 실현하는 데 기여하는 사회복지 인력을 양성합니다.

학과 특성

사회가 복잡해지면서 사회복지에 대한 요구가 늘어나고 있습니다. 사회복지학은 급격한 사회 변화에 따른 문제를 해결하여 공평한 사회를 만들기 위한 방법을 연구합니다. 따라서 사회학, 심리학, 가족학 등 관련 학문에 대한 학습이 필요합니다. 최근에는 세계화에 따라 국제기구에서 활동하는 인력 양성을 위한 전문적인 교육과 훈련을 제공합니다.

흥미와 적성

사회복지학을 공부하기 위해서는 다른 사람에 대한 관심이 중요합니다. 어려운 사람을 돕는 일을 좋아하고, 심리적·정서적으로 안정적이며, 봉사활동 경험이 많은 학생에게 적합합니다. 또, 각종 사회문제에 대한 통찰력과 소외 계층에 대한 편견과 맞서기 위해 진취적인 사고력을 갖춘 학생에게 좋은 분야입니다.

개설대학

지역	대학명	학과명
서울특별시	경희사이버대학교	사회복지전공
	경희사이버대학교	사회복지학부
	고려사이버대학교	평생·직업교육학과
	고려사이버대학교	사회복지학과
	글로벌사이버대학교	사회복지학과
	덕성여자대학교	사회복지학과
	동국대학교(서울캠퍼스)	사회복지학과
	동국대학교(서울캠퍼스)	사회복지상담학과

지역	대학명	학과명
서울특별시	동국대학교(서울캠퍼스)	케어복지학과
	동국대학교(서울캠퍼스)	불교사회복지학과
	동덕여자대학교	사회복지학과
	명지대학교 인문캠퍼스(인문캠퍼스)	심리치료학과
	명지대학교 인문캠퍼스(인문캠퍼스)	복지상담학과
	명지대학교 인문캠퍼스(인문캠퍼스)	복지상담경영학과
	명지대학교 인문캠퍼스(인문캠퍼스)	사회복지학과
	삼육대학교	사회복지학과
	상명대학교(서울캠퍼스)	휴먼서비스공공인재학과
	상명대학교(서울캠퍼스)	가족복지학과
	서강대학교	여성학연계전공
	서울기독대학교	사회복지학과
	서울기독대학교	기독교사회복지학과
	서울대학교	사회복지학과
	서울디지털대학교	사회복지학과
	서울문화예술대학교	사회복지학과
	서울사이버대학교	군경상담학과
	서울사이버대학교	사회복지전공
	서울사이버대학교	가족코칭상담학과
	서울사이버대학교	복지시설경영전공
	서울사이버대학교	가족상담학과
	서울사이버대학교	복지경영전공
	서울시립대학교	사회복지학과
	서울여자대학교	사회복지학과
	서울여자대학교	휴먼서비스전공
	서울한영대학교	사회복지학과
	서울한영대학교	사회복지상담학과
	서울한영대학교	재활복지학과
	성공회대학교	사회복지학과
	성균관대학교	소비자가족학전공
	성균관대학교	사회복지학과
	성신여자대학교	사회복지학과
	성신여자대학교	생활문화소비자학과
	세종사이버대학교	군경상담학과
	세종사이버대학교	사회복지행정학과
	세종사이버대학교	사회복지학과
	숭실대학교	사회복지학부
	숭실사이버대학교	사회복지학과
	숭실사이버대학교	기독교상담복지학과
	숭실사이버대학교	평생교육상담학과
	연세대학교(신촌캠퍼스)	사회복지학과
	이화여자대학교	사회복지학과
	중앙대학교 서울캠퍼스(서울캠퍼스)	사회복지학부(가족복지전공)
	총신대학교	사회복지학과

지역	대학명	학과명
서울특별시	총신대학교	중독재활상담학과
	케이씨대학교	사회복지학과
	케이씨대학교	복지상담학과
	한국방송통신대학교	사회복지학과
	한국방송통신대학교	생활과학과 가정복지학전공
	한국성서대학교	사회복지학과
	한국열린사이버대학교	교정사회복지학과
	한국열린사이버대학교	사회복지학과
	한양사이버대학교	군경상담학과
	한양사이버대학교	사회복지학과
부산광역시	경성대학교	사회복지학과
	고신대학교	재활상담학과
	고신대학교	사회복지학과
	고신대학교	직업재활상담학과
	동명대학교	사회복지학과
	동명대학교	사회복지학과 사회복지학전공
	동서대학교	공공사회복지전공
	동서대학교	사회복지학부
	동서대학교	사회복지학전공
	동서대학교	임상사회사업전공
	동아대학교(승학캠퍼스)	사회복지학과
	동의대학교	사회복지학과
	동의대학교	보육·가정상담학과
	부경대학교	사회복지융합전공
	부산가톨릭대학교	사회복지상담학과
	부산가톨릭대학교	사회복지학과
	부산대학교	사회복지학과
	부산디지털대학교	사회복지경영학과
	부산디지털대학교	사회복지학과
	부산디지털대학교	가족상담학과
	부산디지털대학교	재활상담복지학과
	부산디지털대학교	보건경영학부
	부산외국어대학교	스포츠산업융합학부(재활복지전공)
	부산외국어대학교	사회복지학과
	부산외국어대학교	사회복지재활학과
	신라대학교	복지상담학부 상담심리복지전공
	신라대학교	사회복지학과
	신라대학교	가족상담전공
	영산대학교(해운대캠퍼스)	사회복지학과
	화신사이버대학교	사회복지학과
	인천대학교	사회복지학과
	인하대학교	사회복지학과
	건양사이버대학교	보건의료복지학과
	건양사이버대학교	사회복지학과

지역	대학명	학과명
부산광역시	대전대학교	사회복지학과
	목원대학교	사회복지학과
	우송대학교(본교)	사회복지학과
	충남대학교	사회복지학과
	침례신학대학교	사회복지학과
	한남대학교	사회복지학과
	경북대학교	사회복지학과
	계명대학교	사회복지학과
울산광역시	울산대학교	사회·복지학전공
	광신대학교	사회복지상담학과
	광주대학교	사회복지학부
	광주여자대학교	사회복지학과
	남부대학교	사회복지학과
	송원대학교	심리치료학과
	송원대학교	사회복지학과
	전남대학교(광주캠퍼스)	생활환경복지학과
	조선대학교	행정복지학부(사회복지학전공)
	호남대학교	사회복지학과
	호남신학대학교	사회복지상담학과
경기도	가천대학교(글로벌캠퍼스)	사회복지학과
	가톨릭대학교	사회복지학과
	강남대학교	사회복지학부
	경기대학교	사회복지학과
	경기대학교	휴먼서비스학부
	경동대학교(메트로폴캠퍼스)	사회복지학과
	국제사이버대학교	사회복지학과
	대진대학교	공공서비스관리학과
	대진대학교	복지행정학과
	대진대학교	사회복지학과
	대진대학교	사회복지보육학과
	루터대학교	사회복지학과
	서울신학대학교	사회복지학과
	서울장신대학교	사회복지학과
	성결대학교	사회복지학과
	신경대학교	사회복지학과
	신한대학교(의정부캠퍼스)	사회복지학과(포천반)
	신한대학교(의정부캠퍼스)	공공사회복지학과
	신한대학교(의정부캠퍼스)	공공교육복지학과
	신한대학교(의정부캠퍼스)	사회복지학과
	신한대학교(의정부캠퍼스)	복지행정학과
	용인대학교	사회복지학과
	을지대학교(성남캠퍼스)	장례지도학과
	을지대학교(성남캠퍼스)	중독재활복지학과
	중앙대학교 안성캠퍼스(안성캠퍼스)	가족복지학과

지역	대학명	학과명
경기도	중앙승가대학교	사회복지학과
	중앙승가대학교	불교상담심리학전공
	칼빈대학교	복지상담학과
	평택대학교	재활상담학과
	평택대학교	사회복지학과
	평택대학교	재활복지학과
	한세대학교	사회복지행정학과
	한세대학교	사회복지학과
	한신대학교	재활상담학과
	한신대학교	사회복지학과
	협성대학교	사회복지학과
강원도	가톨릭관동대학교	중독재활학과
	가톨릭관동대학교	산림치유학과
	가톨릭관동대학교	사회복지학과
	강릉원주대학교(원주캠퍼스)	다문화학과
	강릉원주대학교(원주캠퍼스)	복지학과
	강릉원주대학교(원주캠퍼스)	여성인력개발학과
	강릉원주대학교(원주캠퍼스)	사회복지학과
	강원대학교(삼척캠퍼스)	사회복지학과
	경동대학교(메디컬캠퍼스)	사회복지학과
	상지대학교	재활상담학과
	상지대학교	생애개발상담학과
	상지대학교	사회복지학과
	한라대학교	사회복지학과
	한림대학교	사회복지학전공
	한림대학교	사회복지학부
	한림대학교	건강돌봄디자인전공
충청북도	건국대학교(GLOCAL캠퍼스)	행정복지학부(사회복지학전공)
	건국대학교(GLOCAL캠퍼스)	사회복지학과
	극동대학교	사회복지학과
	꽃동네대학교	사회복지·상담심리학부 사회복지학과
	서원대학교	사회복지학과
	세명대학교	사회복지학과
	순복음총회신학교	사회복지학과
	유원대학교	사회복지학과
	유원대학교	사회복지상담학부
	유원대학교	사회복지학전공
	유원대학교	사회복지보육전공
	유원대학교	요양관리학전공
	유원대학교	사회복지상담전공
	중원대학교	사회복지학과
	청주대학교	사회복지학과
	한국교통대학교	사회복지학과
	한국교통대학교	복지·경영학과

지역	대학명	학과명
충청남도	건양대학교	사회복지학과
	공주대학교	사회복지학과
	금강대학교	사회복지학과
	나사렛대학교	재활자립학부
	나사렛대학교	브리지학부
	나사렛대학교	휴먼재활학부 (인간재활학전공,수어통역교육전공)
	나사렛대학교	사회복지학부
	남서울대학교	사회복지학과
	남서울대학교	가족복지융합학과
	단국대학교(천안캠퍼스)	심리치료학과
	단국대학교(천안캠퍼스)	사회복지학과
	백석대학교	사회복지학부
	선문대학교	사회복지학과
	선문대학교	상담심리사회복지학과
	순천향대학교	사회복지학과
	중부대학교	사회복지학과
	청운대학교	사회복지상담학과
	청운대학교	사회복지학과
	한서대학교	보건상담복지학과
	호서대학교	사회복지상담학과
	호서대학교	사회복지학전공
	호서대학교	사회복지학부
전라북도	군산대학교	사회복지학과
	예수대학교	사회복지학부
	원광대학교	복지·보건학부
	원광디지털대학교	사회복지학과
	전북대학교	사회복지학과
	전주대학교	사회복지학과
	한일장신대학교	사회복지학과
	호원대학교	사회복지학과
전라남도	고구려대학교	평생교육복지과
	동신대학교	사회복지학과
	동아보건대학교	평생교육복지전공
	목포가톨릭대학교	사회복지학과
	목포대학교	사회복지학과
	세한대학교	복지상담학과
	세한대학교	사회복지학과
	세한대학교	휴먼서비스융합학과
	세한대학교	사회복지상담학과
	순천대학교	사회복지학부
	순천대학교	사회서비스상담학과
	초당대학교	사회복지학과
	초당대학교	사회복지상담학과

지역	대학명	학과명
전라남도	한려대학교	사회복지청소년학과
	한려대학교	사회복지학과
경상북도	경북대학교	사회복지학부
	경운대학교	상담복지학과
	경일대학교	사회복지학과
	경주대학교	사회복지학과
	경주대학교	사회복지행정학과
	김천대학교	상담치유복지학과
	김천대학교	상담심리치료학과
	김천대학교	치유상담복지학과
	김천대학교	사회복지학과
	김천대학교	상담심리복지학과
	대구가톨릭대학교(효성캠퍼스)	가족상담복지학과
	대구가톨릭대학교(효성캠퍼스)	사회복지학과
	대구대학교(경산캠퍼스)	산업복지학과
	대구대학교(경산캠퍼스)	가정복지학과
	대구대학교(경산캠퍼스)	지역평생교육학과
	대구대학교(경산캠퍼스)	사회복지학과
	대구사이버대학교	재활상담학과
	대구사이버대학교	장애인자립지원학과
	대구사이버대학교	사회복지학과
	대구사이버대학교	재활복지학과
	대구사이버대학교	복지행정학과
	대구한의대학교(삼성캠퍼스)	평생교육복지전공
	대구한의대학교(삼성캠퍼스)	재활상담학과
	대구한의대학교(삼성캠퍼스)	평생교육융합학부
	대구한의대학교(삼성캠퍼스)	평생교육경영전공
	대구한의대학교(삼성캠퍼스)	다문화복지한국어학과
	대신대학교	사회복지학과
	동국대학교(경주캠퍼스)	사회복지학과
	동양대학교	사회복지학과
	안동대학교	생활환경복지학과
	영남대학교	지역및복지행정학과
	영남사이버대학교	상담복지학과
	영남사이버대학교	사회복지학과
	영남신학대학교	사회복지학과
	위덕대학교	사회복지학과
	한동대학교	상담심리사회복지학부
경상남도	가야대학교(김해캠퍼스)	사회복지학전공
	가야대학교(김해캠퍼스)	사회복지재활학부
	가야대학교(김해캠퍼스)	사회복지학과
	경남과학기술대학교	사회복지학과
	경남대학교	사회복지학과
	경상국립대학교	사회복지학과
	경상국립대학교	사회복지심리학과군
	부산장신대학교	사회복지학과

지역	대학명	학과명
경상남도	부산장신대학교	기독교사회복지상담학과
	부산장신대학교	사회복지상담학과
	영산대학교(양산캠퍼스)	사회복지전공
	인제대학교	생활상담복지학부
	인제대학교	가족상담복지·소비자학부
	인제대학교	상담심리치료학과
	인제대학교	사회복지학과
	창신대학교	사회복지학과
	창원대학교	가족복지학과
	한국국제대학교	사회복지상담심리학부
	한국국제대학교	사회복지학과
제주특별자치도	제주국제대학교	사회복지학과
	제주국제대학교	상담복지학과
	제주대학교	주거·가족복지전공
	제주대학교	생활환경복지학부

아동복지학과

학과 개요

아동복지학은 아동이 건전하게 출생하여 행복하고 건강하게 자라도록 생활을 보장하기 위한 연구를 담당하는 학문입니다. 최근 보육에 관한 국가의 관심이 높아지면서 아동복지 분야는 사회복지 영역의 가장 중요한 한 부분으로 더욱 중요해지고 있습니다.

아동복지학과는 아동들이 건전하고 행복한 환경 속에서 정신적, 육체적으로 올바르게 성장하여 바람직한 사회인으로 성숙할 수 있도록 하는 이론과 실제에 관한 능력들을 기르게 합니다. 이를 통해 아동복지 영역에서의 이론과 실제에 능통한 전문가를 양성하는데 교육목표를 두고 있습니다.

학과 특성

아동복지학은 미래사회의 주역을 담당할 아동을 올바르게 이해하고 보호 · 교육하기 위해 아동의 성장과 발달 및 아동에 관한 제반현상과 문제를 사회적 맥락 속에서 탐구하며, 아동, 가족, 그리고 다양한 사회 환경과의 상호작용을 생태학적 관점에서 조망하려는 학문입니다.

아동복지학과는 아동들이 건전하고 행복한 환경 속에서 정신적, 육체적으로 올바르게 성장하여 바람직한 사회인으로 성숙할 수 있도록 아동복지영역에서의 이론과 실제에 능통한 전문가를 양성하는 데 교육목표를 두고 있습니다. 아동복지학과의 교육과정은 아동의 이해에 기초가 되는 아동 · 가족상담, 아동 · 가족복지, 아동발달, 사회복지정책, 아동교육 및 보육, 장애인복지등이 있습니다.

흥미와 적성

아이들이 귀엽고 사랑스러우면 이 학과에 흥미가 있다고 볼 수 있습니다. 아동과 관련된 각종 사회 현상 또는 정책 등에 대한 관심과 봉사활동에 관심 및 경험을 많이 쌓는 것이 필요합니다.

개설대학

지역	대학명	학과명
서울특별시	명지대학교 인문캠퍼스(인문캠퍼스)	아동복지상담학과
	명지대학교 인문캠퍼스(인문캠퍼스)	아동복지경영학과
	서울사이버대학교	아동복지전공
	서울한영대학교	기독교아동복지학과
	서울한영대학교	유아특수재활학과
	서울한영대학교	아동복지학과(아동복지학)
	성균관대학교	아동·청소년학과
	세종사이버대학교	아동가족상담학과
	숙명여자대학교	아동복지학부
	중앙대학교 서울캠퍼스(서울캠퍼스)	사회복지학부(아동복지전공)
	케이씨대학교	아동복지상담심리학부(아동복지학전공)
	한국열린사이버대학교	아동보육학과
부산광역시	고신대학교	아동복지학과
	부산디지털대학교	아동청소년상담학과
	부산디지털대학교	아동보육학과
	영산대학교(해운대캠퍼스)	아동사회복지전공
인천광역시	인하대학교	아동심리학과
대전광역시	대전대학교	아동교육상담학과
	우송대학교(본교)	사회복지·아동학부 아동복지전공
	우송대학교(본교)	글로벌아동교육학과
	한남대학교	아동복지학과
대구광역시	경북대학교	보건복지학부 아동복지전공
울산광역시	울산대학교	아동·가정복지학전공
경기도	가천대학교(글로벌캠퍼스)	아동복지학과
	국제사이버대학교	아동복지상담학과
	서울신학대학교	보육학과
	수원대학교	아동가족복지학과
	칼빈대학교	아동청소년복지상담학과
	칼빈대학교	아동보육학과
	평택대학교	아동·청소년교육상담학과
	평택대학교	아동·청소년복지학과
	한경대학교	아동가족복지학과
	한신대학교	아동보육전공
	협성대학교	아동보육학과
충청북도	충북대학교	아동복지학과
충청남도	건양대학교	아동보육학과
	남서울대학교	아동복지학과

지역	대학명	학과명
충청남도	남서울대학교	아동복지융합학과
	중부대학교	아동보육학전공
	한서대학교	아동·청소년복지학과
전라북도	우석대학교	아동복지학과
	원광대학교	가정아동복지학과
전라북도	한일장신대학교	아동복지학과
	호원대학교	아동복지학과
전라남도	초당대학교	아동청소년상담학과
경상북도	경운대학교	아동복지학전공
	대구한의대학교(삼성캠퍼스)	아동복지학과
	동국대학교(경주캠퍼스)	불교아동보육학과
경상남도	경남과학기술대학교	아동가족.사회복지학부(아동가족학전공)
	경남과학기술대학교	아동가족.사회복지학부(사회복지학전공)
	영산대학교(양산캠퍼스)	아동사회복지전공
제주특별자치도	제주대학교	아동·생활복지전공

노인복지학과

학과 개요

노인복지학과는 노년기에 발생하는 사회부적응의 문제와 미충족 욕구 등을 해결하기 위해 필요한 정책적 프로그램과 서비스를 개발하여 제공하는 데 관련된 문제 연구를 교육목표로 합니다. 노인복지학과는 노인들의 보건복지 서비스 문제에 효율적으로 대응하기 위한 전문적, 실천적 교육을 통해 노인복지 현장실무에 능통한 노인복지전문가 양성을 교육목표로 두고 있습니다.

학과 특성

노인복지학과는 노인복지분야의 이론과 실천기술을 겸비한 노인전문 사회복지사를 양성하며 노인요양서비스의 제공과 관련된 각종 업무를 담당할 요양관리사를 양성합니다. 고령화 사회를 대비한 고령친화산업 전문가 양성을 목표로 합니다.

흥미와 적성

노인복지학을 공부하기 위해서는 노인에 대한 관심이 중요합니다. 어려운 사람을 돕는 일을 좋아하고, 심리적 · 정서적으로 안정적이며, 봉사활동 경험이 많은 학생에게 적합합니다. 또, 각종 사회문제에 대한 통찰력과 노인 계층에 대한 편견과 맞서기 위해 진취적인 사고력을 갖춘 학생에게 좋은 분야입니다.

개설대학

지역	대학명	학과명
서울특별시	경희사이버대학교	노인복지전공
	글로벌사이버대학교	실버복지전공
	서울사이버대학교	노인복지전공
	숭실사이버대학교	노인복지학과
	한국체육대학교	노인체육복지학과
부산광역시	동서대학교	실버컨설팅학과
	부산가톨릭대학교	노인복지보건학과
	부산디지털대학교	노인복지학과
	신라대학교	실버케어복지전공
	신라대학교	가족·노인복지학과
	영산대학교(해운대캠퍼스)	실버건강복지전공
대전광역시	건양사이버대학교	노인복지학과
	배재대학교	실버보건학과(인문사회계열)
대구광역시	경북대학교	보건복지학부(노인보건복지전공)
광주광역시	광주여자대학교	실버케어학과
경기도	강남대학교	실버산업연계전공학부
	신경대학교	노인복지학과
	용인대학교	노인복지학과
	용인대학교	노인재활복지학과
강원도	가톨릭관동대학교	치매전문재활학과
	가톨릭관동대학교	치매전문재활전공
	경동대학교(메디컬캠퍼스)	실버복지학과
	한림대학교	고령친화서비스전공
	한림대학교	노인복지학전공
충청북도	세명대학교	고령친화융복합학과
충청남도	남서울대학교	노인복지학과
	중부대학교	노인복지학과
	한서대학교	노인복지학과
	호서대학교	노인복지학전공
전라북도	우석대학교	실버복지학과
경상북도	경주대학교	노인복지학과
	대구대학교(경산캠퍼스)	실버복지상담학과
	대구대학교(경산캠퍼스)	실버복지·상담학과
	대구한의대학교(삼성캠퍼스)	노인복지학과
경상남도	영산대학교(양산캠퍼스)	실버건강복지전공
제주특별자치도	제주대학교	실버케어복지학과

사회보장보험에 대하여

◆ 사회보장이란 무엇인가?

사회구성원들이 부딪히는 일정한 형태의 위험에 대해서 정부 차원에서 입법을 통해 적절한 조치를 부여하는 집합적인 보장 수단이다.

◆ 사회보장의 어원

사회보장을 뜻하는 영어 Social Security에서 Security의 어원은 Se(=Without, 해방) + Cura(=Car, 근심 또는 괴로워하는 것)에서 비롯된 것으로 '불안을 없게 한다.'는 뜻이다. Social Security는 사회적 불안을 제거한다는 의미와 평온한 삶을 사회가 보장한다는 뜻으로 이해되며, 질병이나 분만·실업·폐질·직업상의 상해·노령 및 사망으로 인한 소득의 상실이나 감소 등으로 인한 경제적 곤궁에서 유래하는 근심과 불안을 제거함으로써 사회 평화를 도모하자는 것이다.

◆ 우리나라 사회보장기본법의 정의

우리나라에서 사회보장에 대한 법적 정의는 사회보장기본법에서 찾을 수 있다. 사회보장기본법 제3조 제1호에 의하면 "사회보장이란 질병·장애·노령·실업·사망 등 각종 사회적 위험으로부터 모든 국민을 보호하고 빈곤을 해소하며 국민 생활의 질을 향상시키기 위하여 제공되는 사회보험, 공공부조, 사회복지서비스 및 관련 복지제도를 말한다."라고 정의한다.

◆ 사회보험이란 무엇인가?

사회보험제도는 국민에게 발생한 사회적 위험을 보험방식에 의하여 대처함으로써 국민의 건강과 소득을 보장하는 제도이다.

여기서 사회적 위험이란 질병, 장애, 노령, 실업, 사망 등을 의미한다. 이러한 사회적 위험은 사회구성원 본인은 물론 부양가족의 경제생활을 불안하게 하는 요인이 된다. 따라서 사회보험제도는 사회적 위험을 예상하고 이에 대처함으로써 국민의 경제생활을 보장하려는 소득보장제도인 것이다. 우리나라의 4대 사회보험제도는 업무상 재해에 대한 산업재해보상보험인 산재보험, 질병과 부상에 대한 국민건강보험, 폐질·사망·노령 등에 대한 국민연금보험, 실업에 대한 고용보험 제도가 있다.

1. 국민연금

경제활동을 하는 국민이 노령·폐질 또는 사망 등으로 인하여 소득을 가지지 못할 경우, 본인과 그 가족의 생활 안정을 위해 미리 설정한 기준에 따라 장기간에 걸쳐 정기적으로 급여가 행해지는 사회보험 제도. 연금제도는 그 운영 주체에 따라 정부에 의한 공적 연금제도와 기업의 사용주에 의한 사적 연금제도로 나누어 볼 수 있는데 국민연금은 공적 연금제도에 해당된다.

우리나라의 공적 연금제도는 1960년 공무원 연금제도의 도입에서 시작되었으며, 일반 국민을 대상으로 하는 공적 연금제도는 1973년에 제정된 '국민복지연금법'을 바탕으로 1986년 12월 31일에 전면 개정한 '국민연금법'에 의해 1988년부터 실시되고 있다.

국민연금법은 국내에 거주하고 있는 60세 미만의 전 국민을 적용 대상으로 하고[단, 공무원연금법·군인 연금법·사립학교교직원 연금법의 적용대상자와 저소득계층 등은 제외] 1인 이상의 근로자를 사용하는 모든 사업장과 사업장가입자가 아닌 지역가입자, 본인의 희망에 의한 임의가입자 등을 대상으로 한다.

국민연금의 재원(財源)은 가입자가 매월 불입하는 보험료로 한다. 보험료는 가입자가 자격 취득시의 신고 또는 정기결정에 의하여 결정되는 기준소득월액에 보험료율(9%)을 곱하여 산정한다. 사업장가입자의 경우는 본인과 사업장의 사용자가 각각 절반(4.5%)씩 매월 부담하고, 지역가입자의 경우는 가입자 본인이 전액 부담한다. 급여의 종류에는 노령연금을 비롯하여 장애연금·유족연금·반환일시금이 있다.

2. 국민건강보험

질병이나 부상으로 인해 발생한 고액의 진료비로 가계에 과도한 부담이 되는 것을 방지하기 위하여, 국민들이 평소에 보험료를 내고 보험자인 국민건강보험공단이 이를 관리·운영하다가 필요시 보험급여를 제공함으로써 국민 상호 간에 위험을 분담하고 필요한 의료서비스를 받을 수 있도록 하는 사회보장제도이다.

우리나라 건강보험은 1977년 500인 이상 사업장의 근로자를 대상으로 하여 직장 의료보험제도를 처음으로 시행하였다. 1979년 공무원, 사립학교 교직원, 300인 이상 사업장의 근로자, 1988년 농어촌 지역 의료보험, 1989년 도시 자영업자를 대상으로 의료보험이 시행되면서 전 국민 의료보험 시대가 시작되었다. 1998년 10월 지역 의료보험조합과 공무원 교원 의료보험 공단을 국민의료보험관리공단으로 통합하였고, 2000년 7월부터 국민의료보험관리공단과 직장 의료보험 조합을 단일조직으로 통합하면서 의료보험이 건강보험으로, 국민의료보험관리공단이 국민건강보험공단으로 변경되었다.

건강보험은 가입자 및 피부양자의 질병과 부상에 대한 예방, 진단, 치료, 재활, 출산, 사망 및 건강증진에 대하여 법령이 정하는 바에 따라 현물 또는 현금의 형태로 서비스를 제공하고 있다. 국민건강보험은 직장가입자와 지역가입자로 적용대상을 구분하는데, 직장가입자는 사업장의 근로자 및 사용자와 공무원 및 교직원, 그리고 그 피부양자로 구성되고 지역가입자는 직장가입자를 제외한 자를 대상으로 한다. 국민건강보험 대상자 중 피부양자는 직장가입자에 의하여 주로 생계를 유지하는 자로서 보수 또는 소득이 없는 자를 의미하며, 직장가입자의 배우자, 직계존속(배우자의 직계존속 포함), 직계비속(배우자의 직계비속 포함) 및 그 배우자, 형제·자매를 포함한다.

3. 고용보험

근로자가 실직한 경우에 생활 안정을 위하여 일정 기간 동안 급여를 지급하는 실업급여사업과 함께 구직자에 대한 직업능력 개발·향상 및 적극적인 취업 알선을 통한 재취업의 촉진과 실업 예방을 위하여 고용안정 사업 및 직업능력 개발사업 등의 실시를 목적으로 하는 사회보험의 하나이다. 원래 전통적인 실업보험 제도는 실직된 근로자의 생활 안정을 위하여 실업급여를 지급하는 소극적인 노동시장 정책으로 도입되었으나, 고용보험제도는 실직근로자의 생활 안정과 함께 고용 촉진 및 실업 예방을 목적으로 하는 적극적 노동시장 정책으로 전환하여 다양한 보험 사업을 실시하고 있다.

고용보험법은 고용안정 및 직업능력개발 사업을 통해 일차적으로는 취업 중인 근로자의 고용안정을 촉진하고, 부득이 실업이 되더라도 이차적으로 실업급여를 지급하고 재취업을 촉진함으로써 근로자의 실업으로 인한 사회·경제적인 어려움을 해소하는 것을 주된 내용으로 하고 있다. 또한 여성 근로자들의 고용기회 확보를 위해 직장과 가정생활의 양립을 지원하는 육아휴직급여 및 산전후휴가 급여를 실시한다.

고용안정 및 직업능력개발 사업은 피보험자 및 피보험자였던 자, 그밖에 취업할 의사를 가진 자에 대한 실업의 예방, 취업의 촉진, 고용 기회의 확대, 직업능력개발·향상의 기회 제공 및 지원, 그밖에 고용안정과 사업주에 대한 인력확보를 지원하기 위하여 실시하는 사업이다. 실업급여는 실직근로자의 생활 안정을 도모하고 재취업을 촉진하기 위해 지급하는 보험급여로서, 구직급여 및 취업 촉진 수당으로 구성된다. 육아휴직과 산전후휴가 급여(모성보호급여)는 임신·출산 등과 관련된 여성의 취업 활동을 보장하기 위하여, 육아 또는 출산을 목적으로 휴직하는 근로자가 일정 요건을 갖춘 경우에 육아휴직급여·산전후휴가 급여를 지급하는 것을 그 내용으로 한다.

고용보험법은 1993년 12월에 제정되어 1995년 7월 1일부터 시행되고 있다. 그 후 여러 차례 개정되면서 고용보험의 적용 범위를 확대하고 있으며, 2004년부터는 일용근로자, 주 15시간 이상 시간제 근로자 등 비정규직 근로자에게까지 고용보험 적용이 확대되고, 건설공사의 경우 총 공사금액이 2천만 원 이상인 경우에도 고용보험이 적용된다. 또한 60세 이후에 신규로 고용되는 자, 국가·지방자치단체가 직접 시행하는 공공근로 종사자 및 선원에 대해서도 고용보험이 적용된다.

고용보험사업 중 실업급여 지급 현황을 보면 1997년에는 48,677명에게 실업급여가 지급되었으나, 외환위기를 맞이한 1998년에는 412,600명으로 급증하였으며, 2009년에는 1,301,132명으로 증가하였다. 2020년 4월에는 신종 코로나바이러스 감염증(코로나 19) 사태가 촉발한 '고용 충격'으로 인해 신규 구직급여 신청자 12만 9,00명, 구직급여액이 9,933억 원에 달했다.

고용보험은 다양한 실업 예방사업 및 구직촉진사업을 병행하는 적극적 노동시장 정책을 표방하여 도입된 고용정책의 핵심수단이다. 특히 우리나라가 두 차례의 외환·금융위기를 거치면서 상당수의 실업자가 발생하는 등 사회적 위기에 직면하였을 때 고용보험제도의 작동이 이러한 위기를 극복하는데 크게 기여한 것으로 평가받고 있다.

4. 산재보험

공업화가 진전되면서 급격히 증가하는 산업재해 근로자를 보호하기 위하여 1964년에 도입된 우리나라 최초의 사회보험제도이다. 산재보험은 산재 근로자와 그 가족의 생활을 보장하기 위하여 국가가 책임을 지는 의무보험으로 원래 사용자의 근로기준법상 재해보상책임을 보장하기 위하여 국가가 사업주로부터 소정의 보험료를 징수하여 그 기금으로 사업

주를 대신하여 산재 근로자에게 보상을 해주는 제도이다.

주요 특성으로는 ①근로자의 업무상의 재해에 대하여 사용자에게는 고의·과실의 유무를 불문하는 무과실 책임주의. ②보험 사업에 소요되는 재원인 보험료는 원칙적으로 사업주가 전액 부담. ③산재 보험 급여는 재해 발생에 따른 손해 전체를 보상하는 것이 아니라 평균임금을 기초로 하는 정률 보상 방식으로 행한다. ④자진신고 및 자진 납부를 원칙. ⑤재해보상과 관련되는 이의 신청을 신속하게 하기 위하여 심사 및 재심사청구 제도를 운영하고 있다.

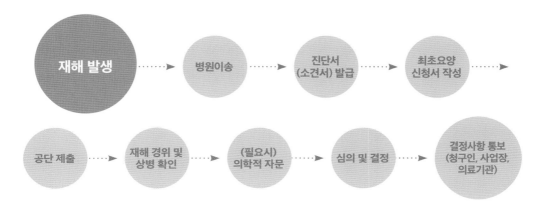

출처: 4대 사회보험정보 연계센터

일상 생활에 유용한 긴급·상담전화

긴급 및 상담	접수내용	관련기관	전화번호
민원신고	인권 침해 상담	국가인권위원회	1331
	개인정보 침해 상담	한국인터넷진흥원	118
	경찰 민원 상담	경찰청	182
	한부모 상담, 양육비 이행 지원	여성가족부	1644-6621
	범죄피해자 지원콜	대검찰청	1577-2584
아동상담	실종아동찾기	경찰청 실종아동찾기센터	182
		실종아동전문기관	02-777-0182
	학대아동 보호 및 예방 안내	중앙아동보호전문기관	112
	아동 성폭력 피해자 상담, 치료, 법률지원, 온라인 신고	해바라기아동센터	02-3274-1375
	아동청소년 상담, ADHD, 놀이치료, 사회성 심리검사	한국아동청소년 심리상담센터	02-511-5080
청소년상담	학교폭력 예방교육 및 전화·문자 상담	교육부, 여성가족부, 경찰청	117
	청소년 가출, 학업중단, 인터넷 중독, 고민 상담	청소년 사이버상담센터	1388
	자녀 학교·가정생활, 특수교육 상담	서울시청소년상담복지센터	02-2285-1318
	학교폭력 전화상담, 인터넷 상담, 개인 및 집단상담	푸른나무재단 (청소년폭력예방재단)	1588-9128
	성폭력·성착취·디지털성범죄 피해상담	탁틴내일 (아동·청소년성폭력상담소)	02-3141-6191
여성상담	가정폭력, 성폭력, 성매매 긴급 전화상담 및 보호	한국여성인권진흥원	1366
	성폭력, 성매매, 학교, 가정폭력 상담·신고	아동·여성·장애인 경찰지원센터	117
	가정폭력, 성폭력, 부부갈등해결, 부부캠프	한국여성상담센터	02-953-2017
	여성인권, 가정폭력, 성평등 운동	한국여성의전화	02-2263-6464
	취업상담 및 교육, 사회·문화생활 사업 지원	여성인력개발센터	02-318-5880
	성상담, 자녀 성교육 상담	푸른아우성	02-332-9978
	여성 일자리 상담	여성가족부	1544-1199
노인상담	노인 주거 및 의료 복지시설 안내, 시설 입소 상담	한국노인복지중앙회	02-712-9763
	노인 인권보호, 노인학대 신고 및 상담	중앙노인보호전문기관	1577-1389
	노인 취업, 시설, 건강, 법률 상담	한국노인의 전화	062-351-5070
장애인상담	장애인 학대 신고 및 상담, 피해자 지원	중앙장애인권익옹호기관	1644-8295
	장애인 권익보호, 재활, 장애가정 청소년 지원	한국장애인재활협회	02-3472-3556
	장애인 무료 온라인 정보화 교육	배움나라	1577-6830
	여성 장애인 복지, 인권활동, 상담/쉼터 안내	한국여성장애인연합	02-3675-4465
질병·중독상담	인터넷·스마트폰 중독 예방, 진단, 상담	스마트쉼센터	1599-0075
	금연상담, 흡연예방, 금연실천 안내	금연길라잡이	1544-9030
	암 예방과 검진, 진단 방법 안내	국가암정보센터	1577-8899
	에이즈 검사, 예방법 안내	대한에이즈예방협회	1599-8105
	마약·약물남용 상담, 치료 및 재활 안내	한국마약퇴치운동본부	1899-0893
	도박 예방, 치유, 재활 안내	한국도박문제관리센터	1336
가족상담	아이돌봄 신청, 돌보미 지원 안내	아이돌봄 서비스	1577-2514
	자녀 양육비 청구 및 이행확보 소송 지원	양육비이행관리원	1644-6621
	한부모 가족 상담 및 정보 제공	한부모 상담전화	1644-6621
	폭력피해 이주여성 긴급지원 및 상담	다누리콜센터	1577-1366
	가족 교육, 상담, 돌봄, 취약·위기 가족 지원	건강가정지원센터	1577-9337

다양한 활동분야의 사회복지사

사회복지사업법 시행령 제6조 제1항에서는 다음과 같은 업무를 수행하는 자를 사회복지사로 채용하도록 규정하고 있다.

- 사회복지프로그램의 개발 및 운영
- 시설 거주자의 생활지도 업무
- 사회복지를 필요로 하는 자에 대한 상담업무

사회복지사는 소속 근무지에 따라 명칭과 역할이 다르다.

■ 사회복지 전담 공무원

시도, 시군구 및 읍면동 또는 복지 사무전담 기구 등에서 일하며, 복지 정책을 마련하고 복지수급권자의 기초생활 보장을 위해 사회복지 사업의 운영을 담당한다. 지역 주민 중 복지서비스가 필요한 주민에 대한 생활지원 및 관리, 행정 업무를 수행한다.

■ 민간 사회복지기관 사회복지사

지역복지사업, 아동복지, 노인복지, 장애인복지, 모자복지 등의 민간 사회복지기관에서 일하며, 입소자에 대한 생활관리, 생활지도, 건강관리, 프로그램 지원, 교육지원, 자립 준비, 개별상담, 집단상담, 가족상담, 사례관리, 지역사회 자원 연계, 행정, 회계, 자원봉사 업무 등을 수행한다. 사회복지 실천을 위해 후원자와 자원봉사자를 모집하고 이들과 파트너십을 맺어 함께 일한다.

■ 의료사회복지사 (Medical Social Worker)

병원이나 진료소에서 임상 치료팀의 일원으로 일하며, 질병의 직·간접적인 원인이 되고 치료에 장애가 되는 환자의 심리·사회적인 문제를 해결하도록 돕는다. 환자가 퇴원한 후에도 사회인으로서 정상적인 기능을 발휘할 수 있도록 환자와 그의 가족에게 상담과 지도 등 전문적인 사회복지서비스를 제공한다.

■ 정신보건 사회복지사 (Mental Health Social Worker)

정신의료기관, 정신요양 시설에서 근무하며, 정신질환자를 대상으로 방문 지도, 사회 복귀 촉진을 위한 생활훈련 및 직업훈련, 정신질환자와 그 가족에 대한 교육·지도 및 상담을 수행한다. 환자가 퇴원한 후에도 사회 구성원으로서 정상적인 생활을 할 수 있도록 도움을 준다. 또한, 정신질환 예방 활동 및 정신보건에 관한 조사연구를 수행한다.

■ 학교사회복지사 (School Social Worker)

학교에서 일하며 문제 학생의 학교생활 적응을 돕는다. 학생 개개인의 지적, 사회적, 정서적 욕구 및 문제 상황을 해결하는 데 도움을 주며, 모든 학생이 학교에서 공평한 교육 기회와 성취감을 제공받을 수 있도록 돕는다. 현재 일부 지자체가 학교사회복지사의 필요성을 인지하여 관련 내용을 조례로 지정하고 각 학교마다 학교사회복지사를 배치하고 있으며, 향후 다른 지자체로 확대될 가능성이 있다.

■ 자원봉사활동관리 전문가 (Voluntary Activities Coordinator)

자원봉사자들을 모집, 배치, 상담, 훈련하고 자원봉사자 활용 프로그램의 개발과 시행을 평가하는 사회복지사다.

■ 교정사회복지사 (Correctional Social Worker)

법무부 보호직 공무원으로 소년원과 같은 법무부 산하 교정시설에서 수감 생활을 하는 사람의 재활을 돕고 범죄 재발 예방을 위해 상담과 지도를 담당한다. 보호처분을 받은 수감자가 사회와 소통하는 기술을 익혀 출소 후 원활히 사회에 복귀하여 잘 적응하고 자립할 수 있도록 상담·안내·중재·교육을 한다.

■ 군사회복지사 (Military Social Worker)

군대 내의 의무직에 속하여 환자의 상담과 복귀를 위한 복지업무를 담당하는 사회복지사다. 병과분류 764/의무병과 · 의무행정 · 사회사업으로 분류된다.

■ 산업사회복지사 (Industrial Social Worker)

작업장이나 기업체에서 근로자의 복지 개선을 위해 일한다. 노동자의 직무 스트레스, 부당한 대우 등을 해결하여 즐거운 근로생활을 가능하게 하고, 근로자가 일터에서 겪는 부적응 문제를 해결하기 위해 상담 및 프로그램을 계획하고 진행한다. 가족과 함께하는 일터 프로그램을 계획하기도 한다.

출처: 워크넷

코하우징(Co-housing)

'따로 또 같이' 정신의 코하우징(Co-housing)

입주자들이 사생활은 누리면서도 공용 공간에선 공동체 생활을 하는 협동 주거 형태를 일컫는 말로 '따로 또 같이' 정신을 주택에 구현한 것이다. 보통 30가구 안팎의 입주자들이 마을이나 연립주택에 모여 살며 각자 라이프 스타일에 맞게 주택과 공용 공간을 설계하는 게 특징이며, 입주자 개인 공간을 확보하고 공동 공간도 이용한다는 점에서 '셰어하우스'와 같은 개념으로 볼 수 있다. 코하우징은 1970년대 획일적 주거 형태에 반발해 덴마크에서 시작됐으며, 이후 네덜란드, 스웨덴, 영국, 독일, 일본 등으로 확대됐다.

한 가족이 가족생활을 하는 개별주택과 이웃과 함께 공동생활을 하는 공동 공간을 두어 조화시킨 이런 주거 형태에서는 공간 이용이 생활의 질에 크게 기여하기 때문에 건물의 배치와 건물 간의 상호 관계가 매우 중요하다. 전형적인 코하우징은 개별주택과 공동생활 시설, 공동 옥외 공간으로 구성된다. 개인 주택은 주민들 사이의 친밀감을 높일 수 있도록 가깝게 배치하며, 공동생활 시설은 중앙에 배치하는 것이 일반적이다. 공동생활 시설은 공동식당, 공동세탁소 등의 시설로 이뤄지며, 공동 옥외 공간은 주로 원예 활동 및 주민들의 야외 휴식공간으로 쓰일 수 있도록 디자인된다.

코하우징 주거 형태에서는 공동식사나 단지 내 채소재배, 공동생활 시설의 청소 및 취미활동 등을 이웃과 함께하게 된다. 아이들을 서로 돌봐주며, 출퇴근 시 함께 차를 타고, 서로의 능력과 지식을 공유하고, 필요한 물건을 서로 빌려 사용하기도 한다. 코하우징을 통해 개인은 공유 공간을 이용하여 공동식사, 공동세탁, 공동육아와 같은 활동을 함께 해 가사노동을 효율적으로 할 수 있고, 생활비도 절약할 수 있다. 또한 재택근무자나 독신으로 사는 사람들의 사회적 고립감을 해결할 수 있어 독신 가족, 한부모가족, 맞벌이 가족, 노인 가족 등에게 특히 유용한 주거 형태라고 할 수 있다.

세계의 다양한 코하우징(Co-housing)

덴마크

덴마크는 시니어 코하우징을 최초로 실현한 국가이다. 그중에서도 '미드고즈그룹펜' 시니어 코하우징은 최초로 1987년 6월부터 입주를 시작했고 주민 수는 20명이며, 연령대는 65세에서 90세로 다양하다. 주민들은 개인 아파트에 드나들기 위해 1층의 커먼 하우스를 거쳐서 들어가므로 이웃과 손쉽게 만날 수 있고, 커먼 하우스에는 공동으로 사용하는 거실, 식당, 회의실, 부엌, 창고 등이 마련되어 있으며, 뒤쪽에는 텃밭이 있어서 작물을 기르기에 적합한 환경을 갖췄다.

스웨덴

스웨덴의 시니어 코하우징 시설인 '둔데르바켄'에는 60가구 70여 명이 모여 살며, 평균 연령은 70세로 이곳이 요양원과 다른 점은 '생의 마지막 순간까지 스스로 꾸려나간다'는 원칙이라고 한다. 주민들이 돌아가며 청소와 식사 당번을 맡는 자율 형태로 운영이 되고, 이들을 도울 직원을 별도로 고용하지 않는다. 거주자들은 도움이 필요하거나 몸이 아플 때 아무도 곁에 없을 것이란 생각에 코하우징을 선택했는데 혼자 살지만 외롭지 않은 삶을 살 수 있어 좋다고 말한다. 거주자들은 하루를 보내며 '모였다 흩어졌다'를 자유롭게 한다.

핀란드

핀란드의 매매형 코하우징의 원조로 통하는 '로푸키리'는 '마지막 전력 질주'란 뜻이다. 1999년 친구 사이였던 할머니 4명이 "요양원에서 살았던 부모님처럼 늙고 싶지 않다"고 결심한 뒤 핀란드 정부에 노인 공동 주거시설용 부지를 마련해 달라고 요구했고, 2005년 집이 완성될 때까지 할머니들은 당국과 줄다리기를 하듯 협상했지만 로푸키리를 벤치마킹한 두 번째 코하우징 주택인 코티사타마는 이 과정을 2년으로 줄여 2015년 완공됐고, 외국 공무원들이 우수 사례로 견학 오는 곳이 되었을 정도이다. 로푸키리에는 64명이 거주하며 각자 집에 대해 소유권을 가졌는데, 12평 정도 되는 작은 집이 약 2억 원대로 인근 주택 시세와 비슷하거나 약간 저렴한 수준이라고 한다. 당연한 일이겠지만 새 거주자가 들어오려면 기존 거주자들의 면접을 통과해야 한다. 고령자들의 코하우징은 기존의 요양원보다 비용 절감에 있어서도 효과가 커 정부들이 환영하고 있다.

일본

일본 최초의 코하우징 주택은 2003년 도쿄에 설립된 '칸칸모리'이다. 스웨덴의 집합주택을 모델로 해서 2년에 걸친 워크숍을 거치며 일본에서 가능한 형태로 만들어졌다. 전체 거주자가 50여 명이고 아이들은 아빠, 엄마 외에도 많은 할아버지, 할머니에게 둘러싸여 형제처럼 자라고 있다. 이곳에서는 또래 아이들이 있는 부모들이 놀이방을 함께 관리하고 아이들은 부모가 출근한 뒤 이집 저집을 놀러 다니기도 한다. 시간적 여유가 많은 할아버지, 할머니들이 아이들을 돌봐주는 일도 자연스럽게 이뤄지며 아이들은 각 가정에서는 외동이지만 옆집 누나, 형들과 앞집 동생들을 돌보며 사람 사는 세상을 배워나간다. 식사 당번들이 만든 따뜻한 집밥을 공용식당에서 함께 먹고, 뜻이 맞는 어른들이 식당에 남아서 즐겁게 술을 즐기는 모습도 흔히 볼 수 있다.

한국

한국의 시니어 전용 두레 주택은 주방, 거실 등의 공간을 거주자들이 함께 사용하는 공동체 생활이 가능한 한국형 시니어 코하우징이다. 국내에 1인 시니어 가구가 많아지면서, 시니어의 라이프 스타일과 생활 서비스를 보장하는 두레 주택이 등장했다. 금천구에 위치한 '보린 두레 주택'은 4층 건물로 1층과 2층은 경로당으로 활용하고, 나머지 층에 방 5개, 공동 거실, 공동 주방을 구성했다. 이곳은 공동 공간을 다른 입주자와 함께 사용하기에 임대료는 저렴한 편이다. 한편, 이곳에서는 웃음 치료, 발 마사지 등 구에서 운영하는 시니어 지원 프로그램도 이용할 수 있다. 또한, 엘리베이터, 복도 손잡이가 설치되어 있어서 시니어의 편의를 제공한다.

네덜란드

네덜란드의 호그백 마을처럼 중증 인지장애(치매)를 가진 노인들과 치료사, 관리자가 일상생활을 영위하며 모여 사는 '조금 특별한' 코하우징도 있다. 치매 요양병원 간호사였던 이본 반 아메롱겐은 치매 환자도 여느 사람처럼 평범한 삶을 살며 행복을 누릴 수 있어야 한다는 생각에서 2009년 마을을 만들었다. 호그백 마을은 늙는 게 자연스럽듯 치매도 자연스러운 삶의 과정 가운데 하나로 보는 철학에 따라 운영된다. 이곳에 사는 이들은 환자가 아닌 거주민으로 불리며 의사와 간호사 모두 가운을 입지 않고 거주민도 환자복을 입지 않는다. 주민들은 자신의 생활 습관에 맞게 살며 요양 병원처럼 정해진 식사 시간이나 취침 시간은 따로 없다. 가족의 방문 또한 언제든지 가능하다. 이 마을은 네덜란드의 여느 마을과 다름없는 다양한 생활 시설이 들어서 있고 식당을 비롯해 미용실, 슈퍼마켓, 영화관, 카페 등 다른 점은 물건을 사거나 시설을 이용할 때 세금으로 운영이 됨으로 돈을 내지 않아도 된다. 의료진을 포함해 250여명의 운영진이 꾸려가지만, 이들은 자신을 조력자로 생각하며 주민들이 겪는 작은 불편을 최소한의 개입을 통해 도와주는 것을 원칙으로 삼고 있다.

미국

미국의 노령자 주거 형태인 '비컨힐 마을'은 고령자들이 나이 들어 각자 자기 집에 살면서 회원제 네트워크를 통해 서로를 돕고 교류하는 방식이다. 비컨힐 마을 회원들에게서 반응이 좋은 프로그램 중에 '라이즈 앤 샤인(rise and shine) 서비스'가 있는데 '일어나서 움직이라'는 기상 콜 같은 것으로 매일 아침 노인에게 전화를 걸어 인사하고 안부를 확인한다. 고독사를 방지하고 전화를 받은 어르신은 잠자리에서 일어나 하루를 시작할 힘을 얻고 세상과 연결되어 있다고 느낀다.

출처: 두산백과/동아일보

사회복지 관련 도서와 영화

출처 :인터넷 교보문고

관련 도서

사회복지사 이야기 3 (저자 김욱 외/ 싸이앤북스)

「사회복지사 이야기」 시리즈의 결정판! 사회복지에 처음 관심을 갖게 된 사람들은 물론이고 오랫동안 관여해 온 사람들도 사회복지사들이 어디에서 무슨 일을 하고 있고, 무슨 일을 할 수 있으며, 무슨 일을 해야 하는지 잘 알지 못하는 경우가 많다. 또한 사회복지사들이 다양한 실천현장에서 실제로 하루하루 어떤 일을 하며 어떠한 생각과 경험을 갖고 사는지 막연할 때가 많다. 이 책은 다양한 사회복지현장에서 일하는 우리 주변의 평범한 사회복지사들

의 일상, 생각, 경험, 열정, 사랑, 꿈, 보람, 기쁨, 애환, 미련, 회한, 성찰, 희망, 인생 등에 대한 과거, 현재 그리고 미래의 이야기들을 통해 사회복지분야를 쉽게 이해하는데 많은 도움이 된다.

책은 사회복지사 42명이 집필하였고 모두 11장으로 구성되어 있다. 1장에서는 '사회복지 교육제도와 사회복지사 자격제도를 안내합니다'라는 제목으로 사회복지 교육제도와 사회복지사 자격제도에 대한 개괄적 이해를 돕기 위한 내용을 정리하였다. 2장부터 11장까지는 사회복지사가 일하는 다양한 영역을 사회복지직 공무원(2장), 공단(3장), 지역사회복지(4장), 협의회(5장), 재단(6장), 국제사회복지(7장), 교육·연구(8장), 유학(9장), 상담(10장), 인권(11장)으로 나누어 각 장마다 1편-7편의 글을 통하여 사회복지사의 일상과 삶에 대한 생각을 상세히 설명하였다. 마지막으로 부록에서는 사회복지관련 도서, 영화, 웹사이트를 수록하여 사회복지와 사회복지사에 대한 이해를 돕고자 하였다.

신입 사회복지사의 좌충우돌 실천 이야기 (저자 권대익/ 푸른복지)

『신입 사회복지사의 좌충우돌 실천 이야기』는 크게 입사 전과 입사 후의 이야기로 나뉜다. 입사 전의 이야기는 사회복지 대학 생활과 입사 준비를 어떻게 했는지를 담아냈으며 입사 후의 이야기에는 저자가 학창시절에 배우고 생각한 바를 바탕으로 실천한 이야기를 담았다.

나는 사회복지사로 살기로 했다 (저자 최형묵/ 하야BOOK)

사회복지사를 꿈꾸며 사회복지사로 살기로 한 이들에게 추천!

목회를 하면서 아동복지 분야에 관심을 갖고 공부방을 시작으로 지역아동센터, 작은도서관, 공동생활가정 등을 운영하고 있는 예장합동 예광교회를 담임하고 있는 최형묵 목사가 집필한 책으로 17년 동안 아동복지를 해오면서 수많은 사람들이 저자에게 사회복지에 대해, 아동복지에 대해, 국가의 제도나 정책에 대해 때로는 이혼이나 경제적 어려움 등 개인적인 고민까지도 질문해 왔던 질문과 답변해주었던 내용을 153개로 추려 책으로 낸 것이다.

막연하게 사회복지사를 꿈꾸는 이들은 많이 있다. 하지만 사회복지사가 되려면 구체적으로 어떻게 해야 하고, 사회복지사는 어떤 일을 하는지, 어떤 분야가 있는지에 대해 막막해 하는 이들이 많다. 이 책을 통해 사회복지사가 어떤 일을 하며, 사회복지사가 되기 위해서는 어떻게 해야 하고, 특히 아동복지분야에는 어떤 일들이 있는지 등을 구체적으로 소개하고 있다. 뿐만 아니라 153개의 질문과 답변 후에는 보건복지부 지원사업 안내를 기반으로 지역아동센터 사업에 대한 구체적인 내용이 담겨 있어 실제로 사회복지사를 꿈꾸는 이들에게 이론과 현장이 함께 접목된 알찬 정보를 제공하고 있다.

나의 직업 사회복지사 (저자 청소년행복연구실/ 동천출판)

청소년들의 선호도가 높은 직업을 선정하여 통계자료, 법령, 학술적 분석 등을 통한 객관적 정보를 제공한 직업 찾기 시리즈. 사회복지의 의미를 관련 법률에 따라 설명함으로써 사회복지와 자선사업을 명확하게 구분하여 알려준다. 사회복지사의 다양한 종류와 그들의 업무에 대하여 설명하고, 사회복지전담공무원의 업무와 사회복지사들의 월급 체계를 정리했다. 또한 사회복지사가 되는 과정과 방법 및 교육기관, 시험 정보를 제공하고 있다.

백번 도전 끝에 사회복지사로 이룬 꿈 (저자 문기봉/ 부크크)

꿈, 도전, 실패, 좌절, 재도전, 재도전, 재도전……

누구에게나 자신만의 꿈이 있다. 만약 우리들에게 꿈이 없다면 아무런 희망도 살아갈 의미도 없을 것이다. 그래서 꿈꾸는 사람이 아름다울 뿐이다. 우리는 꿈을 꾸다가도 어느 덧 수많은 난관들을 만나게 되면서 꿈을 잃어버리고 사는 경우가 많다. 젊은 시절 나만의 꿈이 있었지만 어느 덧 중년에 이르기까지 수많은 시련에 직면하면서부터 한때 꿈을 상실하게 되었다. 아니 꿈을 꿀 시간과 정신적 여유가 없었다. 꿈도 사치로 보였다. 그저 새벽부터 밤늦게까지 다람쥐 쳇바퀴 돌 듯 무거운 노동과 번뇌의 시간만이 주어질 뿐이었다.

무엇이든지 늦었다고 생각하는 것은 상대적인 인식일 뿐이고 어디든지 반드시 빈틈, 즉 틈새시장은 있기 마련이며 그것은 나이에 따라, 경력에 따라, 지역에 따라, 학력에 따라, 자격증에 따라, 특성에 따라서 다 종류별로 있다. 단지 우리가 다 찾지 못했거나 혹은 내가 그 자리에 맞는 자격을 구비하지 않고 있기 때문이다. 이제 꿈을 쫓아다니지 말고 꿈이 우리에게 다가오도록 하자.

우리는 영원한 학교사회복지사이고 싶다 (저자 윤철수, 김상곤, 김지연, 박경현/ 양서원)

초창기에 열정과 사명감으로 헌신한 학교사회복지사 11명이 모여 작업한, 학교사회복지사들의 소소하지만 마음이 따뜻해지는 실화들을 담은 책. 초기 학교사회복지에 대해 이해가 부족한 학교, 학부모, 학생들의 인식 부족으로 어렵게 진행되었던 학교사회복지사들은 희망을 잃지 않고 우리 학생들에게 다가가 학교생활에서 잠시나마 위안이 되 준 결과 학교사회복지에 대한 이해는 넓어지고 학교사회사업에 대한 지원이 증가하게 된다. 학교사회복지사가 될 것이라면 읽어보면 좋은 책이다.

어느 사회복지사의 죽음 (저자 Sue Miller/ 역자 김현옥, 김경호 / 학지사)

책의 원제는 Death Of A Social Woker. 저자인 밀러가 사회복지사이자 한 인간인 자기 고백 이야기를 담아낸 책이다. 1부는 밀러라는 한 인간에 대한 자기 고백으로 밀러의 어린 시절, 사회복지 분야로 입문하기 전에 그녀의 삶을 1인칭 시점으로 기술하고 있다. 여기서 볼 수 있는 것은 사회복지사의 삶 속에 있는 뼈아픈 클라이언트 모습이다. 2부는 영국의 아동복지체계에 대한 고발로 밀러가 그토록 원하는 가족지원 팀의 사회복지사가 되어, 학대받은 아동에 대한 개입을 해 나가는 과정을 기술하고 있다. 책은 영국 아동보호체계의 구멍을 노골적으로 드러내며 사회복지사들의 과중한 서류 업무, 아동보호 사례가 법원으로 갈 경우 사회복지사의 통제권 상실, 친권을 제한하여 조치되는 경우의 지난함 등을 사실적인 필기로 그리고 있다.

사회복지사가 꼭 알아야 할 35가지 (저자 최주환/ 양서원)

현직 사회복지사와 사회복지 관련학과 학생들을 위한 책. 사회복지사의 위치에서 기본적으로 알아야 할 35가지 사항을 정리하였다. 인사를 잘 하자, 많이 웃어라, 1주일에 한 번은 서점에 가라, 논리적으로 말하라, 클라이어트의 이야기에 귀를 기울여라 등 사회복지사가 명심해야 할 사항들이 담겨 있다. 또한 후배를 사랑하라, 사람은 서로 다르다, 자신을 사랑하라 등 모든 직업인에게 해당하는 사항들도 이야기하고 있다.

관련 영화

출처 : 네이버 영화

나의 특별한 형제 (2019년/ 114분

머리 좀 쓰는 형과 몸 좀 쓰는 동생! 세상엔 이런 형제도 있다!

비상한 두뇌를 가졌지만 동생 없이는 아무 데도 못 가는 형 '세하'와 뛰어난 수영실력을 갖췄지만 형 없이는 아무것도 못 하는 동생 '동구'. 이들은 피 한 방울 섞이지 않았지만 20년 동안 한 몸처럼 살아온 '특별한 형제'다. 어느 날 형제의 보금자리 '책임의 집'을 운영하던 신부님이 돌아가시자 모든 지원금이 끊기게 되고, 각각 다른 장애를 가진 두 사람은 헤어질 위기에 처하고 만다. 세하는 '책임의 집'을 지키고 동구와 떨어지지 않기 위해 구청 수영장 알바생이자 취준생 '미현'을 수영코치로 영입하고, 동구를 수영대회에 출전시켜 사람들의 이목을 집중시키는 데 성공한다. 헤어지지 않을 수 있다는 희망을 본 것도 잠시, 예상치 못한 인물이 형제 앞에 등장하면서 형제는 새로운 위기를 겪게 되는데...! 본 영화는 지체장애인 최승규님과 최승규님의 휠체어를 항상 이끌어주신 정신지체장애인 박종렬님의 실화이다.

그것만이 내 세상 (2018년/ 120분)

    한때는 WBC 웰터급 동양 챔피언이었지만 지금은 오갈 데 없어진 전직 복서 '조하'. 우연히 17년 만에 헤어진 엄마와 재회하고, 숙식을 해결하기 위해 따라간 집에서 난생처음 본 동생 '진태'와 마주한다. 라면 끓이기, 게임도 최고로 잘하지만 무엇보다 피아노에 천재적 재능을 지닌 서번트 증후군이 있는 진태. 조하는 입만 열면 "네~" 타령인 심상치 않은 동생을 보자 한숨부터 나온다. 하지만 캐나다로 가기 위한 경비를 마련하기 전까지만 꾹 참기로 결심한 조하는 결코 만만치 않은 불편한 동거생활을 시작하는데… 살아온 곳도, 잘하는 일도, 좋아하는 것도 다른 두 형제가 만났다!

원더 (2017년/ 113분)

    누구보다 위트 있고 호기심 많은 매력 부자 '어기'. 하지만 남들과 다른 외모로 태어난 '어기'는 모두가 좋아하는 크리스마스 대신 얼굴을 감출 수 있는 할로윈을 더 좋아한다. 10살이 된 아들에게 더 큰 세상을 보여주고 싶었던 엄마 '이사벨'과 아빠 '네이트'는 '어기'를 학교에 보낼 준비를 하고, 동생에게 모든 것을 양보해왔지만 누구보다 그를 사랑하는 누나 '비아'도 '어기'의 첫걸음을 응원해준다. '어기'는 처음으로 헬멧을 벗고 낯선 세상에 용감하게 첫발을 내딛지만 첫날부터 '남다른 외모'로 화제의 주인공이 되고, 사람들의 시선에 큰 상처를 받는다. 그러나 '어기'는 27번의 성형수술을 견뎌낸 긍정적인 성격으로 다시 한번 용기를 내고, 주변 사람들도 하나둘 변하기 시작한다.

천국의 아이들 (2001/ 87분)

1999년 바르샤바 국제영화제 (관객상)

엄마의 심부름을 갔던 초등학생 '알리'는 그만 금방 수선한 여동생 '자라'의 하나뿐인 구두를 잃어버리고 만다. 동생은 오전 반, 오빠는 오후 반. 운동화 한 켤레를 번갈아 같이 신게 된 남매는 엄마 아빠한테 들키지 않고, 학교에 도 지각하지 않기 위해서 하루에도 몇 번씩 아슬아슬한 달리기를 이어나간 다. 그러던 어느 날, 어린이 마라톤 대회 3등 상품이 운동화라는 사실을 알 게 된 '알리'는 '자라'에게 1등도 2등도 아니라 기필코 3등을 차지해서 새 운동 화를 가져다주겠다고 약속하고 대회에 참가한다. 과연, '알리'-'자라' 남매는 새 운동화를 가질 수 있을 까?극 중에서 열악한 환경들이 아동에게 어떠한 영향을 끼치게 되는지 생각할 수 있게 해주는 아동복 지 영화.

나, 다니엘 블레이크 (2016년/ 100분)

제69회 칸 영화제 (황금종려상)

평생을 성실하게 목수로 살아가던 다니엘은 지병인 심장병이 악화되어 일을 계속 해나갈 수 없는 상황이 된다. 다니엘은 실업급여를 받기 위해 찾 아간 관공서에서 복잡하고 관료적인 절차 때문에 번번히 좌절한다. 그러던 어느 날 다니엘은 두 아이와 함께 런던에서 이주한 싱글맘 케이티를 만나 도 움을 주게 되고, 서로를 의지하게 된다. 영화는 아픈 현실을 날 것 그대로 보 여주는 작품으로 아픈 현실임에도 불구하고 휴머니즘을 발휘한 다니엘을 통해 우리가 잊거나 잃지 말아야 할 것들에 대해 성찰하게 만들어준 영화이다.

빅 브라더 (2018년/ 101분)

　자신의 모교에서 불량 학생들이 넘치는 F. 6B반의 담임 겸 일반상식 선생님으로 들어간 '진협'은 본인만의 방법으로 학생들과 가까워지려 노력하고, 그에게 학생들은 점점 마음의 문을 열게 된다. 학생들 한 명 한 명의 속사정을 알아가고, 위험에 처한 학생을 구하려던 중 '진협'은 패싸움에 휘말리게 되면서 학교에서 퇴출당할 위기에 놓이게 되는데..."아이들이 싸운 건 분명한 잘못입니다." "하지만 포기해선 안됩니다." "선생이 학생을 포기하면 학생도 자신을 포기하겠죠." -빅 브라더 대사 中- 청소년복지 영화.

시동 (2019년/ 102분)

　학교도 싫고 집도 싫고 공부는 더더욱 싫다며 엄마에게 1일 1강스파이크를 버는 반항아 '택일'. 절친 '상필'이 빨리 돈을 벌고 싶다며 사회로 뛰어들 때, 무작정 집을 뛰쳐나간 '택일'은 우연히 찾은 장품반점에서 남다른 포스의 주방장 '거석이형'을 만나게 된다. 강렬한 첫 인사를 나누자마자 인생 최대 적수가 된 '거석이형'과 '택일'. 세상 무서울 것 없던 '택일'은 장품반점에서 상상도 못한 이들을 만나 진짜 세상을 맛보게 되는데? 인생 뭐 있어? 일단 한번 살아보는 거야! 진짜 세상은 무엇인지 알아가는 이야기로 청소년복지 영화.

노트북 (2004년/ 123분)

　17살, '노아'는 밝고 순수한 '앨리'를 보고 첫눈에 반해 빠른 속도로 서로에게 빠져드는 둘. 그러나 이들 앞에 놓인 장벽에 막혀 이별하게 되고 24살, '앨리'는 우연히 신문에서 '노아'의 소식을 접하고 잊을 수 없는 첫사랑 앞에서 다시 한 번 선택의 기로에 서게 되는데… 열일곱의 설렘, 스물넷의 아픈 기억, 그리고 마지막 순간까지 함께하는 이야기. 노인의 삶과 죽음이 어떤 관련이 있는지와 노인에게 치매가 어떤 영향을 끼치고 있는지를 영화를 통해서 자세하게 알 수 있게 되는 노인복지 영화.

아이 엠 샘 (2002년 / 132분)

세계가 울어버린 순수한 사랑의 감동!

    지적 장애로 7살의 지능밖에 갖지 못한 샘(숀 펜)은 버스정류장 옆 커피 전문점에서 일한다. 그날, 황망하게 가게를 나온 샘은 병원으로 향하고, 레베카와의 사이에서 태어난 자신의 딸과 첫 대면을 하게 된다. 그러나 병원을 나서자 레베카는 샘과 딸을 두고 사라져버린다. 혼자 남겨진 샘은 좋아하는 가수 비틀즈의 노래에서 따온 루시 다이아몬드를 딸의 이름으로 짓고 둘만의 생활을 시작한다. 그러나 외출공포증으로 집안에서 피아노만 연주하는 이웃집 애니(다이앤 위스트)와 샘과 같은 장애를 갖고 있으면서도 언제나 밝은 친구 이프티와 로버트 같은 주변의 따뜻하고 친절한 도움이 없었다면 루시(다코타 패닝)가 그렇게 건강하고 밝게 자라기 힘들었을 것. 수요일에는 레스토랑에, 목요일에는 비디오 나이트에, 금요일에는 노래방에 함께 다니는 것이 이들 부녀의 작은 행복. 남들이 보기에는 정상적이지 못하지만 그들은 가장 즐거운 시간을 함께 하며 행복한 가정을 이루고 있다. 그런데 루시가 7살이 되면서 아빠의 지능을 추월해버리는 것을 두려워한 나머지 학교 수업을 일부러 게을리하게 되고, 이로 인해 사회복지기관에서 샘의 가정을 방문한다. 그리고 샘은 아빠로서 양육 능력이 없다는 선고를 받게 된다. 결국 루시는 시설로 옮겨지고, 샘은 주 2회의 면회만을 허락받게 된다. 세상에서 가장 사랑하는 딸과의 행복한 날들을 빼앗기고 실의에 빠진 샘. 그는 법정에서 싸워 루시를 되찾을 결심을 굳히고, 승승장구하는 엘리트 변호사 리타 해리슨(미셸 파이퍼)의 사무실을 찾아간다. 정력적이고 자아도취적인 변호사 리타는 동료들에게 자신의 능력을 과시하기 위해 무료로 샘의 변호를 맡겠다고 공언하고 샘과의 도저히 어울리지 않을 것 같은 연대를 맺게 된다. 그러나 아무리 생각해도 샘에게는 불리한 재판으로 그가 양육권을 인정받을 가능성은 낮았다. 샘이 훌륭한 아빠라는 것을 인정해줄 친구들은 재판에서는 증언조차 불가능하다. 음악 대학을 수석졸업, 유일하게 법정에 설 수 있는 애니 역시 어렵게 외출 공포증을 극복하고 증언대에 서지만, 상대 변호사의 추궁을 받으면서 답변을 하지 못하게 된다. 과연 샘은 루시의 훌륭한 아빠라는 것을 증명할 수 있을까...?

사회복지사 선서문

나는 모든 사람들이 인간다운 삶을 누릴 수 있도록,

인간존엄성과 사회정의의 신념을 바탕으로,

개인·가족·집단·조직·지역사회·전체사회와 함께 한다.

나는 언제나 소외되고 고통받는 사람들의 편에 서서,

저들의 인권과 권익을 지키며,

사회의 불의와 부정을 거부하고, 개인이익보다 공공이익을 앞세운다.

나는 사회복지사 윤리강령을 준수함으로써,

도덕성과 책임성을 갖춘 사회복지사로 헌신한다.

나는 나의 자유의지에 따라 명예를 걸고

이를 엄숙하게 선서합니다.